AF219405

Samuel Reyher

Inhaltsverzeichnis

Herkunft

In der kleinen Stadt Schleusingen am Südhang des Thüringer Waldes breitete sich wieder die Angst aus. Die gefürchteten „Kroatischen Reiter" waren im Anmarsch. An diesem Herbsttag des Jahres 1634 zogen sie von Franken her ins Henneberger Land, um Rache an den evangelischen Herzogtümern zu üben. Hatten jene sich doch zuvor in Person des sächsischen Herzogs Bernhard das Herzogtum Franken und die katholischen Bistümer Würzburg und Bamberg als Lohn für den Sieg über die Kaiserlichen angeeignet, aber 16 Monate später wieder verloren.

Der Krieg ernährt den Krieg! Unter Wallensteins Losung beuteten alle Parteien gnadenlos das Land aus, um ihre Söldner zu bezahlen. Die Kroaten waren dabei für ihre besondere Grausamkeit berüchtigt, mit der sie plündernd, mordend und brandschatzend durch das Land zogen.[5] Ihre Fahne zeigte einen Wolf mit dem Spruch: *Ich dürste nach Beute.* Anfangs rückten sie in kleinen Abteilungen über das Hennebergische verteilt vor, wo sie aber bei der Stadt Themar am Ufer der Werra, die auf halbem Wege zwischen Schleusingen und Meiningen liegt, von der Reiterei des Herzogs Wilhelm, dem Bruder von Bernhard, wiederholt zurückgeworfen wurden. Am 15. Oktober standen sie nun mit dem Hauptkorps von sechstausend Mann vor Schleusingen. Ihr Kommandant Graf Isola, General der Kavallerie im Dienste des Kaisers, hatte seinen Truppen bereits die Plünderung und Brandschatzung von Schleusingen in Aussicht gestellt.

Nur langsam konnte an diesem Morgen die Sonne die Nebelschwaden vertreiben, die aus den Wäldern ins Tal des Flüsschens Schleuse hinabsanken. Die herrschende Morgenkälte mischte sich mit der bangen Erwartung, was dieser Tag bringen würde. Am Gymnasium stand gerade das Herbstexamen an. Als Graf Isola davon hörte, wollte er die günstige Gelegenheit ergreifen und vor der Plünderung auch noch die größten und kräftigsten Schüler als Rekruten ausheben. In der Schule hatte man den Soldatenlärm bereits vernommen. Gerade war das Examen mit einem gemeinsamen Gebet abgeschlossen worden, da drängten aufgeregte Bürger ins Schulhaus und berichteten dem Rektor, Magister Andreas Reyher, von den Absichten des Grafen Isola, seine Schüler zum Kriegsdienst zu zwingen.

Andreas Reyher versuchte, seine Schüler zu beruhigen: sie alle seien nun in Gottes Hand. Er nahm allen Mut zusammen, den Grafen um Gnade zu bitten, und ging mit klopfendem Herzen Richtung Markt. Seine Schüler folgten ihm in einem zweireihigen Prozessionszug und sangen mit banger Stimme das Lied *Verzage nicht, du Häuflein klein, obschon die Feinde willens sein, dich gänzlich zu verstören.* Der Graf, ein selbstbewusster und entschlossener Kämpfer, stand vor seinen Soldaten auf dem Marktplatz und beobachtete mit spöttischem Blick den sich nähernden Aufzug. Rektor Reyher traute sich heran, fiel vor dem Grafen Isola auf die Knie und bat unter vielen Tränen um Gnade und Verschonung der Schule. Dann geschah das gänzlich Unerwartete. Dieser jämmerliche Aufzug und das klägliche Singen brachten den sonst so harten Grafen Isola dazu, seinen Entschluss zu ändern und Schule, Lehrer und Schüler zu verschonen. Eine Wache wurde vor der Schule postiert, die darauf achten sollte, dass dieses Gebäude nicht angezündet würde.[6]

Die wenigen Bürger, die nicht vor den Kroaten geflohen waren, schöpften aus diesem Gnadenakt Hoffnung, dass auch die Stadt vielleicht noch gerettet werden könne. Die Soldaten standen bereits auf dem Marktplatz und warteten darauf, dass der Graf mit seinem weißen Taschentuch das Signal zur Plünderung gäbe.

In dieser letzten Stunde ergriff nun der Oberaufseher des Hennebergischen Landes, Ludwig Ernst Marschall, die Initiative und wagte einen Rettungsversuch. Standesgemäß ließ er sich auf einem Tragsessel zum Grafen Isola bringen, der sein Quartier in der Bürgermeisterei aufgeschlagen hatte.[7] Davor war eine Wache postiert, der neben dem geschulterten Säbel auch noch eine Muskete vor sich aufgestellt hatte. Graf Isola hatte hinter einem großen Tisch, auf dem eine Landkarte ausgebreitet war, den Sessel des Bürgermeisters eingenommen. Rechts und links standen seine Obristen, mit denen er das weitere Vorgehen besprochen hatte. Die auch anwesenden Kommandeure warteten nur noch darauf, die Befehle auszuführen.

Marschall erhob sich von seinem Tragsessel und trat langsamen Schrittes vor den Tisch. Als er dem Grafen jetzt Auge in Auge gegenüberstand, kamen ihm dessen markante Gesichtszüge irgendwie vertraut vor. War das nicht derselbe Isola, den er vor Jahren auf seiner Bildungsreise in Italien kennengelernt hatte? Damals waren sie ja recht eng befreundet gewesen. Der Adjutant meldete den Besucher förmlich als Abgesandten des Landes und Oberaufseher an.

Als Isola den Namen Marschall hörte, kam auch er ins Grübeln. Nach kurzem Zögern stand er auf und fragte sein Gegenüber direkt, ob er es sei, der damals sein Reisebegleiter in Italien gewesen war.

„Certamente mio caro amico", antwortete ihm Marschall in fließendem Italienisch, worauf sich ein Dialog in dieser Sprache entspann.

Die umstehenden Soldaten und Offiziere schauten völlig überrascht auf ihren Befehlshaber, als dieser um den Tisch herumging und den Bittsteller herzlich umarmte. Für einen kurzen Augenblick schien das Kriegshandwerk ganz fern zu sein.

Im Lichte dieser noch nicht vergessenen Jugendfreund-
schaft sah sich Isola verpflichtet Marschall einen Wunsch
einzuräumen.

Dieser überlegte nicht lange. „Ich will keinen eigenen
Vorteil erhalten", sagte er, „sondern ich bitte Dich um
Verschonung der Stadt."

Das aber brachte Isola in Schwierigkeiten. Vor den anwesenden Offizieren konnte er ja wohl nicht eine solche
Kehrtwendung vollziehen und seinen Kroaten den verspro-
chenen Beutezug in Schleusingen vorenthalten. Es bedurfte daher noch vieler Überredungskunst, bis Isola letztlich
einwilligte, Schleusingen zu verschonen. Er gab den Befehl, nach Norden Richtung Suhl aufzubrechen, was als
nächstes Ziel auf seinem Plan stand.

Der Rektor Andreas Reyher notierte an diesem Tag in
die Schulmatrikel:

> Just als wir von den Mühen des Examens
> am 15. Oktober 1634 erlöst worden waren
> und diese mit Gebeten abgeschlossen hatten,
> hören wir beim Verlassen des Auditoriums das
> Gerücht, dass der Feind im Anmarsch sei;
> nachdem die Vornehmsten aus der Stadt ver-
> schwunden sind, bleiben wir jedoch allein in
> Gottes Hand zurück, wo wir gut aufgehoben
> sind.[8]

Ohne Beute rückten die Kroaten dann in aller Eile ab.
In dem westlich an der Werra gelegenen Städtchen Themar (s. Abb. 1) wütete schon seit mehr als zwei Wochen
eine Vorhut der Kroaten. Die dort aufgestellte Reiterei des
Herzogs Wilhelm hatten sie in die Flucht geschlagen, die
sich darauf hin nach Suhl zurückziehen musste. Der Chro-
nist Ferdinand Werther schreibt:[9] „[Die Kroaten] hauseten
namentlich in Themar und der Umgegend auf das Schreck-
lichste. Am 30. Septbr. säbelten sie daselbst den 63jähri-
gen Pfarrer Johann Keßler von Reurieth, als einen Ket-
zer, jämmerlich nieder und schlugen seinen Sohn Andreas,

4

einen Studiosum der Theologie, mit Fausthämmern und traten ihn so, dass er bald darauf starb." Themar wurde geplündert und am nächsten Tag in Asche gelegt. Von 300 Häusern blieben nur 69 übrig, die Zahl der Bewohner sank von vormals 280 Bürgern auf 54.

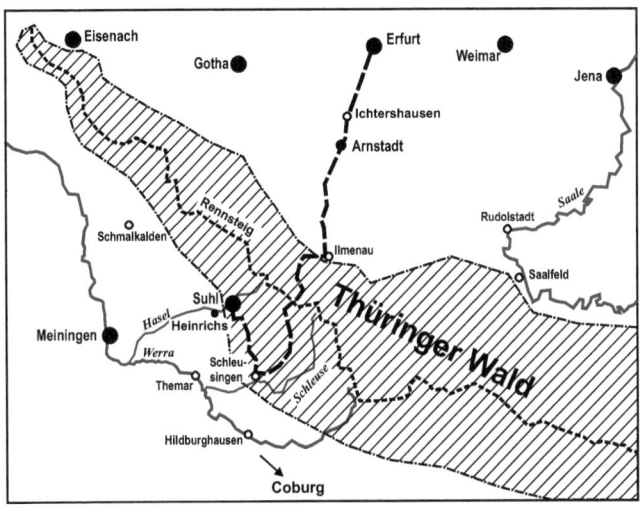

Abbildung 1 Henneberger Land (im Süden) und Thüringer Becken (im Norden) des Thüringer Waldes. Die Frauenstraße führt von Schleusingen nach Ilmenau und Arnstadt. Der Rennsteig folgt dem Gebirgskamm.

Am schwersten traf es dann aber die Stadt Suhl, das Zentrum der Eisenverarbeitung und Büchsenmacherei. An diesem Mittwochmorgen des 15. Oktober wurde gerade der an diesem Tag übliche Wochengottesdienst in der Kirche gehalten. Der Archidiakon Wagner betete gerade, nach beendigter Predigt, mit der versammelten Gemeinde, „dass Gott der Herr alles durch den Krieg drohende Unglück von Stadt und Land gnädiglich abwenden möge", als in diese Stille fürchterlicher Lärm von draußen drang, dass die Kroaten im Anmarsch seien und alles eilte hinaus auf den Marktplatz. Dort sahen sie, wie Herzog Wilhelm eiligst seine Reiter losschickte, die Kroaten aufzuhalten. Doch sie konnten den Anstürmenden nur für kurze Zeit Widerstand leisten.[10]

Bereits am Nachmittag sprengten dann die ersten Kroatischen Reiter in die Stadt. Jetzt wurde es für Herzog Wilhelm gefährlich. Um nicht schon wieder in die Hand der Feinde zu fallen, ergriff er eiligst zu Pferde die Flucht, die ihn auf wenig bekannten Wegen durch den Thüringer Wald führte, die Verfolger dicht dahinter her. Wilhelm war schon einmal im Jahre 1623 von Tillys Truppen gefangen genommen und nach Österreich gebracht worden. Erst nach zwei Jahren Gefangenschaft hatte er ein kaiserliches Pardon erhalten. Nachdem er sich jetzt aber wieder mit den Schweden gegen den Kaiser verbündet hatte, konnte er auf keine erneute Nachsicht hoffen. Doch im Schutz des Waldes, oben auf dem Rennsteig, konnte er nun noch einmal entkommen.

Die Stadt Suhl war mit Flüchtlingen voll, die sich und ihr Hab und Gut in die vermeintliche Sicherheit eines bevölkerten Ortes gebracht hatten. Viele tapfere Männer stellten sich den angreifenden Kroaten entgegen, die durch diesen Widerstand noch mehr aufgestachelt wurden und die Verteidiger blutig niederhieben.

Den Schwächeren blieb nur die Flucht. Mit dem Amtmann Förster, gingen drei Geistliche und viele Bürger – unter ihnen Kinder und Greise – den steilen Hang zum Domberg hinauf, um sich im Wald vor den Kroaten zu verstecken. Andere flohen in alle Himmelsrichtungen. Es entstand ein entsetzliches Durcheinander, Kinder schrien nach ihren Eltern, Mütter suchten ihre Kinder. Aus der Stadt hörte man „das Gebrüll der mordgierigen Croaten, das Jammergeschrei der Misshandelten, das Klagen und Stöhnen der Verwundeten und Sterbenden".[11]

Die Suhler Chronik berichtet weiter von unsäglichen

Gräueltaten, die von den Kroaten begangen wurden, um von den Bürgern Geld und andere versteckte Wertsachen zu erpressen. Vom jauchehaltigem „Schwedentrunk", Foltern mit Feuer, bis zum Abhacken von Gliedmaßen ist dort die Rede. Frauen und Mädchen wurden grauenvoll geschändet. Allen Fliehenden setzten die Reiter nach und schleiften sie, an ihre Pferde gebunden, zurück. Graf Isola, der am 16. Oktober eintraf, zeigte in Suhl keinerlei Gnade. Sogar die Unterhändler des Rates und andere Bürger, derer man habhaft werden konnte, wurden als Geiseln verschleppt, um später Lösegeld zu erpressen. Beim Abzug der Kroaten wurde Suhl an vielen Stellen in Brand gesetzt und Reiter sprengten durch die Straßen, um die Leute am Löschen zu hindern. Die einst so stolze Stadt lag danach in Trümmern und Asche. Nur ein Zehntel der Häuser war vom Brand verschont geblieben. Der Gallustag (16. Oktober) wurde in der Folge als allgemeiner Buß- und Bettag im ganzen Hennebergischen begangen.[12]

Von diesem Schicksalsschlag hat sich die Stadt Suhl lange nicht erholen können. Die Eisenhämmer waren zerstört, mit denen der Stahl für die Gewehre geschmiedet wurde. Der Eisenbergbau im Umland kam zum Erliegen. Schlimmer noch: Die Handwerker, die das Gewehrmachen verstanden, waren geflohen und gründeten an anderen Orten eigene Gewehrfabriken. Auch die anderen Fürsten erkannten, dass man die Waffenindustrie besser im eigenen Lande haben sollte, um nicht auf unsichere Lieferungen aus den Nachbarländern angewiesen zu sein.

Aber auch Schleusingen war mit dem Abzug der Truppen des Grafen Isola noch nicht erlöst. Bereits am 19. Oktober traf ein Bote mit der Forderung des kaiserlichen Obristen Péter Graf Forgách nach Kriegscontributionen ein. Bei Nichterfüllung drohte dieser der Stadt erneut mit Brandschatzung. Nachdruck erhielt diese Forderung durch einen Trupp Kroaten, der am 22. Oktober eintraf. Zwar konnte die Stadt zunächst die Kontributionen von 2000 Reichstaler auf 880 herunterhandeln. Jedoch beschloss Forgách dann, sein Regiment in Schleusingen und den umgebenden Ortschaften ins Winterquartier zu legen.[13] Die Stadt Schleusingen war nämlich von strategischer Bedeutung. Von Süden führte die von Coburg über Eisfeld kommende Heerstraße über Schleusingen weiter nach Suhl. In Schleusingen zweigte die Frauenstraße ab, die mit bequemer Steigung über den Thüringer Wald nach Ilmenau, Arnstadt und Erfurt führte. Schon Wallenstein wollte, als er Coburg belagerte, auf diesem Weg über das Mittelgebirge von Franken nach Sachsen ziehen. Den Schleusingern gelang es so schnell nicht, sich von der Einquartierung zu befreien. Immer aufs Neue erpresste Forgách die Stadt, ihm Geld auszuhändigen, damit er sein Winterlager beende. Erst am 3. April 1635 zog er endgültig ab, nicht ohne weitere Forderungen zu erheben, die die Schleusinger nur unter großen Mühen mit geborgtem Geld erfüllen konnten.

Rektor Andreas Reyher war in keiner beneidenswerten Lage. Die Stadt litt sehr unter der Einquartierung und es war schwierig, etwas zum Essen zu beschaffen. Jedoch das Pflichtgefühl gegenüber seiner Schule hielt ihn ob aller Widrigkeiten in Schleusingen zurück. Sein Gottvertrauen gab ihm Halt. Hatte sich dieses Vertrauen nicht bewährt, als er von Isola Gnade erflehte? Seine Frau Catharina, die Tochter des Superintendenten Sebastian Abesser in Suhl, die er zwei Jahre zuvor geheiratet hatte, war gerade hochschwanger. Am 19. April 1635 gebar sie ihm dann den ersten Sohn, Samuel, dessen Leben und Wirken wir später verfolgen wollen.

Oft sprach Andreas Reyher danach mit seiner Frau über die Erinnerungen an Catharinas Heimatstadt Suhl, an seinen Geburtsort, das nahegelegene Heinrichs, an seine Familie und insbesondere seinen Vater Michael. Der war als Kaufmann und Weinhändler viel im Land herumgekommen und sogar Ratsmitglied geworden.[14] In Suhl hatte sein Vater ihn zur Grundschule angemeldet, und jeden Morgen lief der Filius die zwei Kilometer von Heinrichs zur Schule. Der Vater hatte auch dafür gesorgt, dass er beim Pastor Latein lernte und hat ihn dann auf das Landgymnasium in Schleusingen, eine knappe Tagesreise südlich von Suhl, geschickt, wo ihn der damalige Rektor gleich in die Tertia aufnahm. Diesem seinem alten Rektor war er ja nun im Amte nachgefolgt. Auf diese Erinnerungen an frohe Kindheitstage legte sich nun wie ein dunkler Schleier die Trauer über das Schicksal des greisen Vaters, der mit seinen 77 Jahren bei der Flucht auf den Suhler Domberg an Schwäche gestorben war.

Wie viel sicherer hatte sich Andreas doch während seiner Studienjahre in Leipzig gefühlt. Dort war er im Hause des Kaufmanns Georg Winckler gut aufgehoben, den sein Vater durch seinen Weinhandel kannte. Seinen Lebensunterhalt musste er mit vielen Hilfstätigkeiten und später als Hauslehrer der Winckler-Kinder bestreiten. Dem Vater machte er mit seinen Studienfortschritten viel Freude. Nach vier Jahren wurde er im Jahre 1625 Baccalaureus der Philosophie und schon 16 Monate später Magister. Dabei reizten ihn neben den alten Sprachen auch astronomische Themen: er disputierte bereits als junger Magister über die Erde (*De Terra*).

Sein pädagogisches Geschick war unter den Honoratioren der Stadt Leipzig bekannt geworden. Er wurde Hauslehrer des jüngsten Sohnes von Leipzigs Bürgermeister Friedrich Major und gab auch Privatstunden für andere Bürgerkinder. Daneben studierte er weiter Philosophie und Theologie bei Heinrich Höpfner. 1630 schloss er diese Studien ab und bewarb sich um eine Stelle an der Universität. Hierzu stellte er sich mit einer ersten pro-loco-Disputation über die Fixsterne (*De Fixis Stellis*) vor und disputierte drei Wochen später erneut über den Mond (*De Luna*). (Die pro-loco Disputation entspricht etwa einem heutigen Habilitationsvortrag.) Ein Jahr danach wurde er, da Magister- und Doktortitel bei den Theologen als gleichwertiger Studienabschluss angesehen wurden, in Leipzig einstimmig als Privatdozent in das Kollegium aufgenommen. Doch dann erreichte der unheilvolle Krieg Sachsen.

Die kaiserlichen Truppen unter Tilly hatten im Mai 1631 Magdeburg geplündert und verwüstet. Frankenhausen, Artern und Tonna wurden heimgesucht. Erfurt hingegen kaufte sich los. Gotha verteidigte sich erfolgreich gegen Tilly, der schließlich nach Meißen abzog. Ende August belagerte Tilly Leipzig, das am 6. September kapitulieren musste. Aber Hilfe kam durch die schwedischen Truppen. Gustav Adolf, der Schwedenkönig, befand sich auf dem Vormarsch von der Ostseeküste nach Süden und hatte Sachsen erreicht.

Bereits am Folgetag kam es zu der Schlacht bei Breitenfeld, einem Dorf nördlich vor den Toren Leipzigs, in der der Schwedenkönig Tillys Truppen besiegte. Die Schweden, mit denen die Herzöge von Sachsen-Weimar, Bernhard und Ernst, bereits 1630 ein Bündnis eingegangen waren, zogen nun als Schutzmacht in Leipzig ein, das dafür aber Quartier und Kriegsabgaben leisten musste. Zumindest kehrte in Leipzig wieder eine gewisse Ruhe ein. Dagegen hatte die Grafschaft Henneberg zu leiden. Auf seinem Rückzug über den Thüringer Wald verwüstete das kaiserliche Heer weite Teile des Werratales.

In dieser Zeit trügerischer Ruhe erreichte Andreas Reyher im April 1632 in Leipzig die Berufung zum Rektor am Gymnasium Hennebergicum in Schleusingen, das er selbst besucht hatte. In Friedenszeiten wäre dies ein Grund zu großer Freude gewesen. Wegen der Gegenwart der Tillyschen Truppen saß Reyher aber in Leipzig fest und bat deshalb um einen achtmonatigen Aufschub. Doch bedrängte man ihn bereits im Juli wieder durch Übersendung der Berufungsurkunde. Aber um den Thüringer Wald blieb die Lage brenzlig.

Ende Oktober 1632 traf Herzog Bernhard, der als Statthalter der Schweden über Thüringen fungierte und bereits als Oberst mit seinem Reiterregiment die Städte Königshofen, Schweinfurt und Würzburg erobert hatte, in Schleusingen mit dem Schwedenkönig zusammen. Beide zogen dann mit ihren Truppen über den Thüringer Wald nach Arnstadt. Bereits im April war Tilly bei Donauwörth tödlich verwundet worden. Der Gegner war jetzt Wallenstein mit seinen Truppen. Am 6. November kam es dann – erneut vor den Toren Leipzigs – zur Schlacht bei Lützen, in der der Schwedenkönig Gustav Adolf fiel. Herzog Bernhard übernahm das Kommando und setzte die Schlacht fort. Wallenstein wurde besiegt und der zu Hilfe eilende Pappenheim mit seinen Reitern abgewehrt. Die Reste der kaiserlichen Truppen flüchteten nach Chemnitz.

Erst zehn Tage danach wagte Andreas Reyher dann die Reise über den Thüringer Wald. Dort bestand immer noch die Gefahr, von marodierenden Soldaten beraubt zu werden, was ihm dann auch geschah.[15] Erst nach einundhalb Wochen erreichte er die Familie in seinem Geburtsort Heinrichs, wo sich diese in einem der noch verschonten Häuser eingerichtet hatte. Zwei Tage später wurde er in Meiningen als Rektor vereidigt und trat seinen Dienst in Schleusingen am 10. Dezember an. Im Mai 1633 fand dann in bescheidenem familiären Rahmen die Eheschließung mit Catharina statt.

Nach der Niederlage der Schweden bei Nördlingen und dem Wüten der kaiserlichen Truppen herrschte im Henneberger Land Hungersnot. Marodierende Söldner hatten den Bauern das letzte Korn und Vieh geraubt. Die Felder waren verwüstet oder konnten nicht bestellt werden, nachdem die Bauern geflüchtet waren oder sich den Soldaten angeschlossen hatten. Auch konnte kein Getreide aus den weniger gebeutelten Gebieten Thüringens herbeigebracht werden. Die wenigen verbliebenen Fuhrleute hatten kaum noch Pferde und es drohte Beraubung auf dem Weg von Thüringen ins Hennebergische. Ansteckende Krankheiten waren durch die Söldner eingeschleppt worden. Kirchenbücher berichten sogar von dem Ausbruch der Pest. Viele Menschen waren vor diesem Elend über den Thüringer Wald nach Thüringen geflohen. Da es immer weniger Kinder gab, standen auch etliche Schulen leer.

Besserung der Verhältnisse erwartete das Hennebergische Land von dem 1635 zwischen den sächsischen Herzögen und dem Kaiser geschlossenen Separatfrieden von Prag, zu denen die sächsischen Herzöge Wilhelm, Ernst und Albrecht gehörten. In den anderen protestantischen Ländern wurde dieser Seitenwechsel der Sachsen als Verrat an der gemeinsamen Sache angesehen. Nur Bernhard hatte den Prager Frieden nicht ratifiziert und den Krieg gegen den Kaiser fortgeführt. In diesem Friedensvertrag wurde das Restitutionsedikt von 1629 für vierzig Jahre ausgesetzt und damit die Daseinsberechtigung des Lutherischen Bekenntnisses und der Zugriff auf die Kirchengüter wiederhergestellt. Doch die wirtschaftlichen Verhältnisse besserten sich nur äußerst langsam und immer noch marodierten Söldnertrupps im Lande. Im Jahre 1637 kam es im benachbarten Meiningen sogar zu einer Hungersnot.

Andreas Reyher und seine Familie, die durch den inzwischen geborenen zweiten Sohn Andreas angewachsen war, hielten bis 1639 dem Elend in Schleusingen stand. Die Suhler Chronik berichtet aus diesen Jahren von unsäglichem Leid, vor allem auf den Dörfern. Aus Eicheln, Wurzeln, Rinde, Kleie und Asche backte man Brot. Das Fleisch von Hunden oder verendeten Tieren, selbst gekochtes Gras dienten als Nahrung.[16] Es soll sogar zu Kannibalismus gekommen sein: Tote wurden ausgegraben oder Leichen vom Galgen geholt. Eltern töteten ihre Kinder, weil sie diese nicht ernähren konnten und verfielen dem Wahnsinn oder nahmen sich das Leben.[17]

Um bei der ausbleibenden Besoldung nicht zu verhungern, hatte sich Vater Andreas um eine Stelle am Gymnasium in Lüneburg bemüht. Unter den widrigen Verhältnissen in Schleusingen war es undenkbar, die von ihm angestrebten Veränderungen an Unterricht und Lehrplan vorzunehmen. Solche Reformkonzepte bewegten ihn schon seit Jahren. Bereits in einer Denkschrift[18] von 1634 hatte er seine Ideen für Reformen dargelegt. Auf Fürsprache führender Pädagogen, die Reyhers Schrift und sein pädagogisches Talent kannten, erhielt er im selben Jahr den Ruf als Rektor nach Lüneburg.

Die Abreise aus Schleusingen fiel ihm besonders schwer, nachdem seine Frau im Januar 1640 Zwillinge geboren hatte, die Töchter Catharina und Maria. Erst nach dem Winter, als die Wege wieder trocken und befahrbar waren, brach er mit der Hamburger Post nach Lüneburg auf und erreichte nach neun Tagen sein Ziel. Jedoch waren die Lebensbedingungen in Lüneburg auch keineswegs rosig. Er fühlte sich dennoch verpflichtet, seine Zusage für Lüneburg einzuhalten. Im August 1640 kehrte er nach Schleusingen zurück, um von seinem Landesherrn die Entlassung aus dem Dienst zu erbitten und seine Familie nach Lüneburg nachzuholen.

Im Henneberger Land hatten aber inzwischen Entwicklungen stattgefunden, die seine Pläne verändern sollten. Durch Teilung des Herzogtums Sachsen-Weimar wurde Herzog Ernst I., der später den Beinamen *der Fromme* erhielt, Landesherr über den Teil Sachsen-Gothas, zu dem auch das Hennebergische Land gehörte. Zwar war er mit seinen Brüdern als Reiteroberst für die Länder der Reformation in den Krieg gezogen, im Herzen blieb er aber Pazifist. Ernst war hochgebildet und ein ausgezeichneter Organisator. Bereits als Statthalter für seinen Bruder Bernhard, der von den siegreichen Schweden das Herzogtum Franken als Lehen erhalten, aber nach der Niederlage bei Nördlingen wieder verloren hatte, hatte er kluge Verwaltungsstrukturen aufgebaut. Der Fürstbischof Franz von Hatzfeld räumte später ein: „Herzog Ernst habe das Würzburger Land in einen besseren Zustand gebracht, als

13

wenn er es selbst verwaltet hätte."[19] Als Residenz in Gotha wählte Ernst zunächst das *Kauffhaus*, einen reich gegliederten Renaissancebau, der den Markt in zwei Hälften gliederte und später als Rathaus genutzt wurde. Gleichzeitig begann er mit dem Bau eines Schlosses auf den Ruinen der zerstörten Burg Grimmenstein, das er dann Friedenstein nannte.

In Gotha wollte er nun seine Vorstellungen von einem modernen Staat mit einem reformierten Bildungswesen umsetzen, zu dem die allgemeine Schulpflicht für die Kinder aller Stände und, neben religiöser Erziehung, ein an Realien orientierter Sachunterricht gehören sollte. Dazu zählte die Demonstration der Dauer einer Stunde mittels der Sanduhr oder des wandernden Schattens auf der Sonnenuhr. Die Phasen des Mondes, der Jahresablauf und eine Vorstellung, warum Blitz und Donner zusammengehören, sollten vermittelt werden. Wenn möglich, sollten den Schülern Beispiele für die verschiedenen Metalle oder Mineralien in die Hand gegeben werden. Bäume, Stauden und Kräuter sollten gezeigt und ihre Verwendung und ihr Nutzen erläutert werden. Doch bis zu diesem Idealzustand war es noch ein weiter Weg.

Jetzt sah die Welt noch düster aus. Gerade auf dem Lande waren Pfarr- und Schulhäuser verwaist oder eingeäschert. Die Lehrer mussten wegen mangelnder Besoldung zusätzlich niedere Tätigkeiten zum Broterwerb aufnehmen, wie Holzhacken, Dreschen oder Karren ziehen. Die Jugend wuchs in „größter Verwilderung und Barbarei, in grauenhafter Unwissenheit und Sittenlosigkeit"[20] auf. Kern seiner Reform wurde darum der Aufbau eines Volksschulwesens, in dem Jungen und Mädchen im Alter von 5 bis 12 Jahren gleichermaßen einen Unterricht erhalten sollten, der in der Muttersprache Deutsch erteilt wurde.

Als nun Andreas Reyher bei der Regierung um Entlassung aus seinem Amt als Rektor in Schleusingen und um Erlaubnis nachsuchte, das Land verlassen zu dürfen, erhielt er anstelle einer Zusage das Angebot, Rektor am Gymnasium Illustre zu Gotha zu werden. Herzog Ernst hatte sich von seinen Beratern[21] überzeugen lassen, dass man den hoch qualifizierten Schulmeister und begabten Pädagogen Reyher, der ja schon eine von Reformpädagogen gelobte Schrift zur Modernisierung des Schulwesens verfasst hatte, nicht ziehen lassen dürfe. Vielmehr sei dies genau der richtige Mann, die Schulreformen, die Ernst im Sinn hatte, praktisch umzusetzen. Es bedurfte dann jedoch zäher Verhandlungen mit Lüneburg, wo der Rat seinerseits auf Einhaltung des mit Reyher geschlossenen Vertrages pochte.

Dieses Tauziehen zog sich noch bis zum Jahresende hin, aber Reyher konnte dann am 11. Januar 1640 das Rektorat am Gothaer Gymnasium antreten. Im Juni wurde der dritte Sohn Salomon geboren. Mit unermüdlichem Fleiß widmete sich Reyher der neuen Aufgabe, zu der auch die Beratung des Herzogs bei den Schulreformen gehörte. Im selben Jahr erschien bereits Reyhers Lehrmethode für die unteren Klassen *Instructio, wie die beiden untersten Klassen in dem Gymnasium zu Gotha ratione pietatis et lectionum zu bestellen sein.* Bedeutsamer ist seine 1642 erschienene Schulordnung mit dem Titel: *Ein Special- und sonderbarer Bericht, wie nächst göttlicher Verleihung den Knaben und Mägdlein auf den Dorfschaften und in den Städten die unter dem untersten Haufen der Schuljugend begriffenen Kinder im Fürstenthum Gotha kurz und nützlich unterrichtet werden können und sollen*, die später als *Schulmethodus* bekannt wurde.[22]

In der ersten Klasse lernten die Kinder die Worte des Katechismus, Morgen-, Abend- und Tischgebete, Verse und Psalmen und Anfangsgründe des Lesens. In der zweiten Klasse mussten ihnen Fertigkeiten im Lesen, Elemente des Schreibens und Rechnens, sowie des Choralsingens beigebracht werden. In der dritten und vierten Klasse wurden dann diese Fertigkeiten im Lesen, Schreiben und gewöhnlichen Rechnen von ihnen verlangt und der ganze lutherische Katechismus sollte richtig verstanden sein. Auf regelmäßigen Schulbesuch wurde sorgfältig geachtet.[23] Der Schulmethodus enthielt differenzierte Anweisungen an die Lehrer, wie neben den Grundfähigkeiten ein moderner Sachunterricht zu gestalten und zu vermitteln ist.

Mit diesen Schulreformen und effizienten Verwaltungsstrukturen ist Sachsen-Gotha nicht nur im Bildungswesen ein modernes Musterland geworden, von dem es hieß: „Herzog Ernst's Bauern seien frömmer und gelehrter, als in anderen deutschen Ländern die Edelleute."[24]

Im Jahre 1643 war die Familie Reyher nunmehr in Gotha voll etabliert und ließ sich im Stile der Zeit von dem Maler August Erich porträtieren. Das Monumentalgemälde, das heute auf Schloss Friedenstein zu sehen ist, zeigt Andreas Reyher vor einem aufgeschlagenen Psalter sitzend und mit dem Finger auf Psalm 34 verweisend: *Kommet her Kinder / Höret mir zu / ich will euch die Furcht des HERRN lehren.* Auf dem Tisch stehen ein weiteres Buch, davor Modelle der Platonischen Körper, daneben ein Globus, eine Armillarsphäre und ein Zirkel: Symbole für sein astronomisches und mathematisches Interesse. Hinter dem Tisch sitzt seine Frau Catharina mit den Zwillingen und Samuels Bruder Andreas. Zur Rechten des Vaters steht der Erstgeborene Samuel, der jetzt 8 Jahre alt war. Vor dem Tisch sind die Tochter Catharina und der jüngste Sohn Salomon platziert. Auch wirtschaftlich sollte es nun weiter bergauf gehen. Reyher erhielt im Jahre 1640 ein Jahresgehalt von 300 Meißner Gulden, 10 Klafter Holz zum Heizen und Anteile an den Gebühren für die Aufnahme und Entlassung der Schüler.[25] Das entsprach einem typischen Professorengehalt.

Für den Druck der Instruktionen und Lehrbücher hatte Herzog Ernst eine eigene Druckerei begründet[26] und im Jahre 1644 das Privileg an die Familie Reyher übertragen.

Diese Reyhersche Buchdruckerei wurde später von seinen Söhnen Salomon, Christoph und Michael fortgeführt, die als Verleger, Buchhändler und Drucker fungierten, und blieb als Engelhard-Reyhersche Hofbuchdruckerei bis 1808 erhalten.

Andreas Reyher war unermüdlich. Er verfasste selbst Lese- und Rechenbücher sowie ein Sachkundebuch für den Schulgebrauch, daneben das erste große lateinisch-deutsche Wörterbuch, das später nach der Bearbeitung und Erweiterung durch Juncker zu einem viel gebrauchten Standardwerk wurde. Über 30 Jahre blieb er dem Gymnasium treu, das unter seiner Leitung die Schülerzahl verdoppeln konnte und einen ausgezeichneten Ruf besaß, der über die Landesgrenzen hinaus Schüler von weither anzog. Seine Ehefrau Catharina, die ihm zwölf Kinder geschenkt hatte, von denen jedoch vier frühzeitig starben, war bereits 1657 im Alter von nur 45 Jahren verstorben. Aus einer zweiten Ehe mit Anna-Blandina Bachoff gingen weitere drei Söhne und drei Töchter hervor. Andreas Reyher starb im Alter von 72 Jahren, tief betrauert von seiner Familie, seinen Schülern und Freunden.

Studienjahre

Wie oft hatte sich der achtjährige Samuel Reyher anhören müssen, dass er als der Erstgeborene nicht nur das Sonderrecht habe, bei Tisch an Vaters rechter Seite zu sitzen, sondern dass es seine Pflicht sei, auf die jüngeren Geschwister achtzugeben. Dabei konnte er doch nur mit seinem Bruder Andreas etwas gescheites anfangen, der zwei Jahre jünger war. Mit den Mädchen spielte er nicht gern und Salomon war ja noch zu klein. Hier in Gotha hatte die Familie ein neues Heim gefunden, und die schlimmen Zeiten in Schleusingen verblassten langsam in seiner Erinnerung. Seine durch den Krieg traumatisierten Eltern waren nicht fähig gewesen, mit ihren Kindern über die gesehenen Gräuel und ihre eigene Leidenszeit sprechen. Erst Jahre später formte sich aus den Äußerungen, die er aus Gesprächen der Eltern mit Verwandten und Freunden aufgeschnappt hatte, sein eigenes Bild vom großen Krieg.

Wenn er nun als junger Mann von 16 Jahren, seines Zeichens Student an der Leipziger Universität, auf die Kinderjahre zurückblickte, fielen ihm wieder Erzählungen des Vaters ein, wie dieser selbst als mittelloser Student im Hause des Kaufmanns Winckler Aufnahme gefunden hatte und den Kindern Hausunterricht erteilte. Dort war er quasi zu einem Familienmitglied geworden. Als Vater Reyher von Leipzig fortging, blieben diese engen Beziehungen erhalten. Den älteren Sohn der Wincklers, Andreas, schickten seine Eltern deshalb nach Schleusingen an das Gymnasium, wo sein früherer Hauslehrer jetzt Rektor war.[27]

Winckler junior sollte dort fleißig Latein lernen, um

19

später die Universität besuchen zu können. Doch Andreas entschied sich für den Kaufmannsberuf. Die Leipziger Frühjahrsmesse bot Vater Georg mehrfach die Gelegenheit, seinen Sohn zur kaufmännischen Ausbildung nach Nürnberg, Amsterdam und Augsburg zu vermitteln. Auch eine ausgedehnte Bildungsreise nach Italien schloss sich an, auf der Andreas Italienisch lernte, was ihm mit seinen Lateinkenntnissen leicht fiel. Sprachen waren für einen Handelsmann stets nützlich. Danach trat er in das väterliche Handelsgeschäft ein und übernahm im Jahre 1646 die Leitung des Geschäfts.

In diese durch Familienbande geprägten Verhältnisse war Samuel Reyher nun im Jahre 1651 aufgenommen worden. Andreas Winckler hatte ihn, als er von Schleusingen fortging, noch als Dreijährigen erlebt. Samuel dagegen konnte sich an Andreas nur noch dunkel erinnern. Jetzt war dieser mit seinen 28 Jahren bereits ein lebenserfahrener Mann. Ihn durfte der zwölf Jahre jüngere Samuel nun auf einer Fernreise begleiten, die in die Niederlande führte. Andreas war im Geschäft abkömmlich geworden, nachdem er auf Anraten seines Vaters seinen jüngeren Bruder Wilhelm mit in die Firma aufgenommen hatte.[28]

Die Niederlande waren für Samuel, der bisher nur die Mittelgebirgslandschaft in den Herzogtümern Sachsens kannte, eine neue Welt mit weitem, flachen Land, Kanälen und Windmühlen. Die Stadt Leipzig, die in den Kriegszeiten oft belagert war, sich aber von Brandschatzung freikaufen konnte,[29] hatte ihre prächtigen Häuser bewahren können. Doch entfalteten die Stadthäuser in Amsterdam entlang der Grachten ihren ganz eigenen Charme. Auf dieser Reise machte er erstmals Bekanntschaft mit der berühmten Universität Leiden, wo er verschiedenen Professoren vorgestellt wurde. In den Gesprächen, denen er bei Wincklers Geschäften beiwohnte, spürte er die Weltoffenheit der Handelsleute, die in hartem Kontrast zu der geistigen Enge stand, die die Calvinisten dort in ihren

Predigten verkörperten. Für Samuel hat sich durch diese Reise der kulturelle Horizont geweitet und seine Wissbegierde war weiter bestärkt worden.

Seine Studien in Leipzig waren zunächst unspektakulär. Fleißig hörte er Philosophie bei Jacob Thomasius, Rechtskunde bei Amadeus Eckolt und Mathematik bei Philipp Müller, der mit dem berühmten Astronomen Johannes Kepler bis zu dessen Tod im Jahre 1630 freundschaftliche Kontakte gepflegt hatte. Dieser Mathematiker konnte durch seine eigene Leidenschaft für die Astronomie den jungen Samuel Reyher für dieses Fach begeistern.

Nach vier Jahren erlangte er das Baccalaureat und ein Jahr darauf, 1656, den Magister Artium, der Grundlage für jedwedes vertiefte Studium der anderen Fakultäten war. Eine entscheidende Änderung seiner Interessen erfolgte durch das großzügige Angebot des zum Senator avancierten Andreas Winckler, seine Studien mit einem Stipendium an der Universität Leiden fortzusetzen. Zwei Jahre (1657–1659) dauerte dann sein Aufenthalt in den Niederlanden.

Die protestantischen Niederlande und die Universität Leiden galten damals als ein Hort der Gedankenfreiheit in Europa. Dort wurden beispielsweise Bücher gedruckt, die in Rom auf dem Index standen, wie Galileis *Dialog über die beiden Weltensysteme: das ptolemäische und das kopernikanische*, der zu dem Prozess gegen Galilei geführt hatte. Galilei hatte diese Schrift absichtlich in Italienisch verfasst, damit jedermann sie lesen konnte. International wurde sie aber der Wissenschaft erst zugänglich, indem eine ins Latein übersetzte Fassung von den Brüdern Elzevier in Leiden herausgegeben wurde. Auch der Philosoph René Descartes war wegen dieser Freiheiten bereits 1628 in die Niederlande übergesiedelt.

Zu Reyhers Lehrern in Leiden gehörte der Mathematiker Frans van Schooten, Sohn des gleichnamigen Mathematikers, welcher sich um eine Ausgabe des Euklid in nie-

derländischer Sprache verdient gemacht hatte. Das gefiel
Samuel, weil das genau den Vorstellungen seines eigenen
Vaters entsprach, Wissen in der Landessprache zu vermit-
teln. Vierzig Jahre später sollte er selbst einen *Euklid in
Teutscher Sprache* verfassen. Der jüngere van Schooten
hatte sich schon international einen Namen als Herausge-
ber von sämtlichen Werken des Mathematikers Franciscus
Vieta gemacht. Durch van Schooten kam Samuel auch in
Kontakt mit der Gedankenwelt des Philosophen und Ma-
thematikers René Descartes.

Zu Descartes' mathematischen Meisterleistungen gehört
die Grundlegung der sogenannten analytischen Geometrie,
in der Algebra und Geometrie verschmelzen. Revolutionär
war die Erfindung von Koordinaten, d.h. Zahlenpaaren,
die man jedem Punkt der Ebene zuordnen konnte. Damit
konnte man die Gestalt der Kegelschnitte, Kreis, Ellipse,
Parabel und Hyperbel, mittels Funktionen beschreiben, in
denen auch Quadrate der Koordinatenwerte x und y vor-
kamen. Es ist das Verdienst des jüngeren van Schooten,
Descartes' *Géométrie* mit Anmerkungen in lateinischer
Sprache ergänzt zu haben. Erst diese Anmerkungen haben die eher schwer verständlichen Argumente Descartes'
den zeitgenössischen Mathematikern zugänglich gemacht.

Descartes, der seinen Aufenthaltsort aus Sorge um Ver-
folgung nur seinen engsten Freunden mitteilte, pflegte dennoch einen regelmäßigen Kontakt mit den Leidener Pro-
fessorenfamilien van Schooten und van Gool, die miteinander verschwägert waren. Dabei war ihm schon vor Jahren
die künstlerische Begabung des jungen Frans van Schooten aufgefallen. Kein Wunder, war doch sein Onkel Joris
van Schooten der Lehrer Rembrandts gewesen. Frans war
also gern bereit, an den Abbildungen für die *Géométrie*
mitzuwirken, die dann als Anhang zu dem *Discours de la
méthode* erschien. Von Frans van Schooten stammt auch
das Portrait Descartes aus dem Jahr 1644, das der Ausgabe der *Principia Philosophiae*[30] von 1692 vorangestellt

ist.[31] Auf Descartes' Empfehlung kam Frans van Schooten bei seinen Studien in Paris mit den führenden Mathematikern Mersenne, Vieta und Fermat in Kontakt.

Von der Familie van Gool wurde Samuel freundschaftlich aufgenommen. Jakob van Gool, der zuerst bei Willebrord Snellius und Frans van Schooten, dem Älteren, Mathematik studiert hatte, war dann zur Orientalistik gewechselt. Nach langen Jahren in Marokko, Syrien und der Türkei wurde er zunächst als Nachfolger von Snellius Professor für Mathematik an der Ingenieursschule der Leydener Universität, erwarb sich dann aber den Ruf eines der führenden Orientalisten seiner Zeit. Bei Jacob van Gool hörte Samuel Vorlesungen über Vietas Algebra.

Samuel Reyher hat Descartes nicht mehr persönlich erlebt, da dieser bereits 1650 in Stockholm verstorben war. Aber die von Descartes angestoßenen Debatten lebten in Leiden fort. Insbesondere die neuen Weltmodelle, wie sie Descartes in seinen *Principia Philosophiae* von 1644 niedergelegt hatte, weckten Reyhers besonderes Interesse. Hatte doch schon Vater Andreas Reyher seinen Kinder den Lauf der Sonne, des Mondes und der Planeten beschrieben und an dem kunstvollen Planetenmodell, seiner Armillarsphäre, verdeutlicht. Jetzt lernte er über seinen Professor Frans van Schooten die Arbeiten der Astronomen Pierre Gassendi, Giovanni Riccioli und Ismaël Bullialdus kennen, die die jüngere Generation nach Galilei repräsentierten.

Hier in Leiden hatte Reyher endlich den Zugang zu all den neuen astronomischen Büchern. Obwohl er eine sehr rasche Auffassungsgabe hatte und ein echter „Bücherfresser" war, reichte die Zeit wohl nicht, Bullialdus' 700-seitige und mathematisch so anspruchsvolle *Astronomia Philolaica* in allen Einzelheiten aufzunehmen. Ob er sich in Leiden mit Ricciolis *Almagestum Novum* beschäftigen konnte, ist nicht bekannt. Nikolaus Kopernikus und Tycho Brahe kannte er gut aus Gassendis Biographien dieser

23

Astronomen. Auch aus Descartes' *Principia Philosophiae* zitierte er später gern.

Auch konnten ihm die Streitereien nicht verborgen geblieben sein, die Descartes mit den Calvinisten ausgefochten hatte. Descartes war mit dem Utrechter Theologen Gisbert Voetius aneinander geraten, der die von Descartes geforderte Trennung von Philosophie und Theologie strikt ablehnte. Der rationale Cartesianismus, der alles auf Vernunft gründete, war Voetius zuwider. Der Streit gipfelte darin, dass Descartes des Atheismus beschuldigt wurde und sogar die Universität Leiden 1647 ein Dekret herausgab, in dem alle Professoren der Theologie und Philosophie in Leiden verpflichtet wurden, Descartes' Philosophie in ihren Vorlesungen weder zu zitieren noch zu diskutieren. Danach fühlte sich Descartes in den einst so weltoffenen Niederlanden nicht mehr sicher. Zwei Jahre darauf folgte er einer Einladung der Königin Christina von Schweden, mit der er bereits seit langem eine wissenschaftliche Korrespondenz geführt hatte, an den Hof in Stockholm. Doch das Klima in Schweden bekam ihm nicht, sodass er im Folgejahr an einer Lungenentzündung starb.

Diese rein philosophischen Probleme waren aber nicht Samuel Reyhers Welt. Ihn interessierten vielmehr die praktischen Anwendungen der Mathematik. Hier hatte er das Glück, in Leiden auf den Mathematicus und Baumeister Nicolaus Goldmann zu treffen. Der war ein ausgewiesener Spezialist für Militärarchitektur, d.h. wie man Festungsanlagen konzipiert, Bollwerke bei Feldlagern anlegt und strategische Überlegungen durch Bauwerke umsetzt. Diese *architectura militaris* war ein wichtiges Studienfach, das insbesondere die jungen Adeligen anzog. Mussten sie doch oft eine Karriere als Offiziere wählen, da für sie bürgerliche Berufe nicht standesgemäß waren und ihnen bei den vielen Geschwistern nur ein geringes Erbteil in Aussicht stand. Als Offiziere waren sie dann aber oft eine „gute Partie" für die Töchter der anderen adeligen Großgrundbesitzer. Goldmann hat mit seinen ästhetischen Vorstellungen und praktischen Hinweisen, die in seinem erst postum veröffentlichten Werk *Vollständige Anweisung zu der Civil Bau-Kunst* auch einen bleibenden Einfluss auf die Zivil- und Sakralarchitektur genommen.

Juristische Vorlesungen hat Samuel Reyher vermutlich bei Adrian Beeckerts van Thienen gehört, der seit 1655 Ordinarius an der Juristischen Fakultät war und im Winter 1657/58 das Amt des Rector Magnificus bekleidete.[32] Sein Fachgebiet waren die Pandekten. Das ist eine systematische Zusammenstellung des römischen Rechts und gehört zu den grundlegenden juristischen Studien. Reyher hatte schon bei Eckolt Pandekten gehört[33] und hier wohl seine Kenntnisse in Rechtsgeschichte und im römischen Recht vertieft.

Zurück in Leipzig schloss Samuel seine juristischen Studien im Jahre 1660 bei Amadeus Eckolt mit einer Dissertation *De antinomiis in jure* ab und hielt in Leipzig, obwohl er noch nicht Doktor der Rechte, jedoch Magister der Philosophie war, als Privatdozent bereits juristische Vorlesungen. Sein Ziel war es, Professor an einer juristischen Fakultät zu werden. Allerdings bot sich dort zunächst keine einträgliche Stelle und er kehrte vorerst nach Gotha zurück, wo er bis zum Jahresende 1661 einige Monate im Hause seines Vaters lebte.

Durch die Kontakte seines Vaters zu Herzog Ernst erhielt er dann im Frühjahr 1662 die Berufung zum Informator des 16-jährigen Erbprinzen Friedrich, den er primär in Arithmetik, angewandter Mathematik und Geographie unterrichtete. Hinzu kam die Erziehung in Evangelischer Religion.

Die Prinzenerziehung war keine familiäre Angelegenheit, sondern Teil der Staatsräson. Der Erbprinz wurde durch die besten Gelehrten auf seine künftigen Aufgaben als Regent vorbereitet, wobei auf die Charakterbildung und die Lernfortschritte sorgfältig geachtet wurde.

Auch die Körperbeherrschung wurde mit Tanzen, Ballspielen und dem Gebrauch der Jagdwaffen trainiert. Zur Bildung der Prinzen gehörte auch das Erlernen eines Musikinstruments, das Zeichnen und die Malerei. Musikunterricht wurde üblicherweise von einem Mitglied des Hoforchesters erteilt. Die Prinzen wurden täglich von Herzog Ernst persönlich examiniert und mussten sich regelmäßigen Prüfungen durch ihre akademischen Lehrer unterziehen. Herzog Ernst hatte dafür mit dem Orientalisten Hiob Ludolf und dem Staatstheoretiker Veit Ludwig von Seckendorff erstklassige Wissenschaftler an seinen Hof geholt, zu denen nun Samuel Reyher hinzukam.

Für den Erbprinzen stand mit 16 Jahren die obligate Kavaliersreise[34] an, die den Abschluss der formalen Ausbildung darstellte. Solch eine Reise führte üblicherweise an einen befreundeten Fürstenhof oder an eine Ritterakademie. Friedrichs Ziel waren die Vereinigten Niederlande, die in Utrecht und den Haag Ritterakademien besaßen. Diese boten in Form eines Internats für einige Monate Logis und Unterricht unter dem Motto: Prudentia (Klugheit), Scientia (Wissenschaft) und Mores (Landessitten). Dort erweiterten die jungen Prinzen ihre akademischen Kenntnisse und übten sich in den gesellschaftlichen Gepflogenheiten. Insbesondere die Konversation in der am Hofe üblichen Sprache Französisch und in der Akademikersprache Latein wurde gefördert. Der Prinz und seine Reisebegleiter bezogen an diesem Ort Quartier und unternahmen von dort Tages- oder Wochenausflüge in die Umgebung, um Land und Leute kennenzulernen. Eine Generation später wurde es sogar üblich, von Holland aus einen Ausflug nach England zu unternehmen, aber das passte in dieser Zeit nicht zur Sparsamkeit am Ernestinischen Hofe.

Die Prinzenreise stand unter der Oberaufsicht des Hofmeisters Hiob Ludolf,[35] der darauf zu achten hatte, dass die Ausbildung des Prinzen in geordneten Bahnen verlief. Den pubertierenden Prinzen bot sich, so behaupten

26

böse Zungen, an den Ritterakademien Gelegenheit zu Ausschweifungen mit Alkohol und Fechtereien, und auch der erste Kontakt zum anderen Geschlecht. Das mag aber unter der Fuchtel des strengen Hofmeisters Ludolf und durch die fromm protestantische Erziehung am Ernestinischen Hof durchaus gesitteter abgelaufen sein.

Der Hofmeister hatte die ganze Reiseplanung in seinen Händen, führte die Kasse und berichtete alle zwei Wochen über Reiseverlauf und Kosten. Das ganze Gefolge umfasste etwa 13–17 Personen, von denen einige auch erst am Zielort eingestellt wurden. Aus Kostengründen wurde der Erbprinz oft zusammen mit dem nächst jüngeren Bruder auf die Reise geschickt.[36] Dann hatte jeder Prinz seinen eigenen Informator dabei, der die Lernfortschritte überwachte. Auf einen mitreisenden Priester wurde meist wegen der Kosten verzichtet. Hieraus erklärt sich, dass Samuel Reyher auch die Unterweisung in der reinen lutherischen Lehre übertragen wurde. Die beiden Prinzen hatten dazu üblicherweise drei Kammerdiener, zwei Pagen für das Auftragen der Speisen, sowie zwei Lakaien für niedere Dienste zur Verfügung. Hinzu kam das Personal für den Hofmeister und die Informatoren.

Zu den damaligen Gepflogenheiten gehörte es, dass die Prinzen inkognito reisten. Dazu wählte man stets Grafentitel aus den eigenen Landen. Dieses Understatement entband die Prinzen von der Verpflichtung, ihrem wahren Stande entsprechende Ausgaben zur Hofhaltung zu tätigen und hielt die bereits erheblichen Kosten der Reise in engeren Grenzen. Die Gastgeber im Reiseland waren in der Regel über die wahre Stellung informiert, spielten die Scharade aber mit. Außer den gesparten Kosten diente das Inkognito aber auch der Sicherheit des Prinzen und verhinderte, dass unbedachte Äußerungen des noch unmündigen Prinzen dem Ansehen des eigenen Hofes schaden oder zu politischen Verwicklungen führen könnten.[37]

Die Dauer der Prinzenreise wurde nicht nur aus Kostengründen knapp gehalten. Vielmehr stand auch die Sorge im Raum, dass die dynastische Nachfolge gefährdet werden könnte, wenn dem Erbprinzen auf der Reise etwas zustieße. Diese Sorge war umso größer, wenn der Erbprinz noch von seinem jüngeren Bruder begleitet wurde.

Als Informator erhielt Samuel Reyher ein jährliches Salär von zweihundert Reichstalern. Somit stand er erstmals wirtschaftlich auf eigenen Füßen. Wie viel mühsamer war es doch noch vor einem Jahr gewesen, als Privatdozent – wie sein Vater – von Privatstunden für Bürgerkinder leben zu müssen. Trotz der leeren Staatskassen hatte es sich Ernst I. zur Maxime gemacht, verdiente Beamte, Lehrer und Kirchenleute angemessen zu besolden. Wenn es möglich war, gab er ihnen auch noch eine Sondergratifikation. Faule oder korrupte Beamte entfernte er dagegen mit aller Härte aus seinen Diensten.

Samuel Reyher muss sich als Informator auf dieser Prinzenreise besondere Verdienste erworben haben. Einerseits entstand zu dem elf Jahre jüngeren Erbprinzen Friedrich eine lebenslange Freundschaft. Andererseits war Herzog Ernst von Samuels Fachkenntnissen und pädagogischer Begabung so angetan, dass er bereit war, ein Stipendium für den Abschluss seiner juristischen Studien in Leiden bereitzustellen. Samuel Reyhers Auftrag zur Erziehung des Prinzen Friedrich endete 1664, als dieser zum Studium nach Straßburg ging.

Ankunft

Der Aufbruch nach Leiden, wo Samuel Reyher den Doktorgrad in den Rechtswissenschaften erlangen wollte, war für das Frühjahr 1665 geplant. Trotz seines großen Interesses an der Mathematik erschien ihm die Perspektive einer juristischen Karriere verlockender. An den Universitäten gab es nämlich eine ausgeprägte Rangordnung der Fakultäten, die sich auch in der Besoldung der Professoren niederschlug. Die unterste Stufe nahm dabei die Philosophische Fakultät ein. Es folgten die Mediziner, Juristen und an höchster Stelle die Theologen.[38] Als Jurist hatte man auch noch lukrative Nebeneinkünfte durch Rechtsberatung und Gutachten.

Die Philosophische Fakultät war aus der mittelalterlichen Artistenfakultät hervorgegangen, die für alle Studenten die nützlichen Künste (artes) als Hilfswissenschaften anbot. Jeder Student musste ein vierjähriges verpflichtendes Grundstudium in den artes absolvieren. Diese sieben freien Künste umfassten die sprachlichen Fächer im *Trivium* aus Grammatik, Logik und Rhetorik, und die mathematischen Fächer des *Quadrivium* aus Arithmetik, Geometrie, Musik und Astronomie. Erst mit dem Erlangen des *Baccalaureus artium* begann das eigentliche Fachstudium an einer der Fakultäten, das zum Magister als Studienabschluss führte. Der damalige Doktorgrad ist im Vergleich zu heute eher als Habilitation anzusehen, indem er zur akademischen Lehre an allen Universitäten berechtigte.

An Fernreisen konnte man nach den langen kalten Wintern dieser Epoche erst denken, wenn die Wege wieder trocken und befahrbar waren und das Hochwasser in den zu

29

überquerenden Flüssen zurückging. Daher können wir den vermutlichen Zeitpunkt seines Aufbruchs erst nach Ostern ansetzen, das auf den 5. April fiel. Seine erste Zwischenstation war die Stadt Rinteln im Herzogtum Schaumburg. Dort war im Jahre 1620 eine protestantische Universität gegründet worden. Da Studenten an einer Hochschule ihrer eigenen Konfession studierten, war der Aufbau eines Netzwerkes protestantischer Hochschulen ein Anliegen der Landesfürsten, die ihre Beamten, Juristen, Mediziner und Theologen möglichst im eigenen Lande ausbilden wollten. Auch wollte man nicht die klügsten Landeskinder, die man so nötig im eigenen Lande brauchte, an andere Universitäten und in andere Städte ziehen lassen. Durch eine nähere Betrachtung der Entwicklung dieser Universität gewinnen wir einen Einblick in die Widrigkeiten, denen protestantische Universitäten in der ersten Hälfte des 17. Jahrhunderts ausgesetzt waren.

Das Städtchen Rinteln, am Weserufer gelegen, war mit einem Wall und Stadtgraben umgeben. So war die Stadt auf allen Seiten geschützt. Im Westen, vor den Toren der Stadt, erstreckten sich Äcker und Felder auf den sanften Ausläufern des Weserberglandes. Die Weser war ein Handelsweg, über den Waren von Bremen flussaufwärts nach Rinteln gebracht wurden. Die Rintelner Brücke über den Fluss, die durch ein massives Stadttor gesichert wurde, machte die Stadt später zu einem Verkehrsknoten. Das Stadtbild überragte die mächtige Nikolaikirche mit ihrem weithin sichtbaren Turm und Kirchenschiff.

Die Gründung einer Universität war in Rinteln schon ab 1611 betrieben und dem Kaiser die Bitte um Erteilung eines Privilegs zur Stiftung einer protestantischen Universität vorgetragen worden. Doch Kaiser Rudolph II. und auch sein Nachfolger Matthias, Rudolphs Bruder, zögerten. Wahrscheinlich hielt man es am Kaiserhof unter dem Einfluss der Jesuiten nicht für ratsam, im Norden von Deutschland, wo der Protestantismus noch nicht überall verbreitet war, eine neue Keimzelle protestantischen Gedankengutes entstehen zu lassen. Zumal würde dieses auf Kosten ehemalig geistlicher Güter geschehen, die erst nach dem Religionsfrieden säkularisiert wurden.[39]

Erst 1620 erhielt der Landesherr, Graf Ernst III., das ersehnte kaiserliche Privileg. Als Standort der Universität wurde Rinteln gewählt, in dessen Umgebung die Ländereien liegen, aus denen die Universität finanziert wurde. Zu diesem Zeitpunkt hatte die Stadt weder ein Gasthaus noch eine Apotheke. Kaum attraktive Verhältnisse für prospektive Studenten! Untergebracht wurde die Universität in den leerstehenden Klostergebäuden des Zisterzienser Nonnenklosters, das Raum für die benötigten Auditorien und ein Konvikt zur Unterbringung von 50 Studenten bot. Die Verhältnisse blieben aber eher beengt, so dass Disputationen und Feierlichkeiten in der Klosterkirche stattfinden mussten.[40]

Nach anfänglicher Blüte hatte die kleine Universität Rinteln sehr unter den kriegerischen Zeiten zu leiden. Im Jahre 1623 brach Herzog Christian von Braunschweig mit seinen Truppen über Rinteln herein. Stadt und Universität wurden geplündert, Professoren und Studenten beraubt, fünf Professoren starben, andere gingen fort. Im Jahre 1630 kam eine Schar von Benediktinermönchen und verlangte unter Berufung auf das Restitutionsedikt von 1629 von der Universität die Herausgabe der säkularisierten Güter, die einen Teil ihrer wirtschaftlichen Grundlage darstellten. Von den noch verbliebenen Professoren forderten sie sogar die Rückgabe des schon bezogenen Gehaltes. Der Professor primarius der Theologischen Fakultät, Johannes Gisenius, der nach den Ereignissen von 1623 mit einigen wenigen zurückgekehrten Professoren den Universitätsbetrieb notdürftig erhalten hatte, wurde unter fadenscheinigen Vorwänden für fast ein Jahr ins Gefängnis geworfen und misshandelt.[41]

Nach der Schlacht bei Oldendorf (1634) nahm zwar

das Wüten der Benediktiner ein Ende, aber die Universität lag danieder. Die Sitten der Studenten verrohten unter dem Pennalismus, der vorwiegend an protestantischen Universitäten aufkam. Neu eingeschriebene Studenten hatten sich ihren Landsmannschaften anzuschließen und den älteren Studenten Dienste zu leisten oder sogar Geld abzugeben. Der akademische Senat bezeichnet „die Herren Studenten" als Prasser, Schlemmer und Fresser. Brave Bürger trauten sich nicht mehr, ihre Söhne auf diese Universität zu schicken. Bis zum Westfälischen Frieden besserte sich diese Lage kaum. Der Wiederaufbau der Bibliothek unter tätiger Hilfe durch die anderen protestantischen Länder und die erfolgreiche Besetzung von Professuren führten dann zu einem allmählichen Wiedererstarken der Universität.[42]

Das war etwa die Situation, die Samuel Reyher in Rinteln vorfand. Sein Vater hatte ihn mit Empfehlungsschreiben ausgestattet, die ihm den Zugang zu Bürgern und Professoren ermöglichten. Für den jungen Wissenschaftler Reyher bot sich also eine gute Gelegenheit, sich hier über akademische Themen auszutauschen. Als er in Rinteln eintraf, erreichten ihn die Gerüchte, dass nach der großen Epidemie, die 1664 Amsterdam heimgesucht hatte, in den Niederlanden erneut die Pest ausgebrochen wäre.[43] Daher entschloss er sich, zunächst in Rinteln zu bleiben und die Entwicklung abzuwarten. Die Professorenschaft in Rinteln zeigte sofort Interesse an dem Sohn des bekannten Pädagogen Andreas Reyher, dessen Ruf sich schon weit herumgesprochen hatte. Man machte ihm sogleich das Angebot einer Professur für Mathematik, die man dringend besetzen wolle. Aber Samuel Reyher bat zunächst um Bedenkzeit, da er ja noch sein juristisches Doktorat in Leiden erwerben wollte.

Für seinen weiteren Berufsweg wurde in Rinteln die Begegnung mit dem Philosophen Michael Watson entscheidend. Dieser stammte aus dem Städtchen Stolpe in Hin-

terpommern (heute: Słupsk, Polen) und war Geburtsjahr-
gang 1623. Seine Vorfahren kamen aus einer angesehenen
Familie in Schottland. Der Vater Jacob betrieb in Stolpe
einen Seidenhandel. Nach Studien in Danzig und Königs-
berg, wo er 1647 den Magistergrad erlangte, folgten Auf-
enthalte in Leiden, dem westfriesischen Franeker, Hamburg, Rostock und Dänemark. In Rostock hielt er bereits
Kollegien und Disputationen, in Frankfurt an der Oder
wurde er *adjunctus*.[44] Den Professoren waren Adjunkte
(d.h. Dozenten) nachgeordnet, die privatim Vorlesungen
lasen und Disputationen abhielten, aber keine Festanstel-
lung hatten und keine Mitspracherechte besaßen. Seine
Hoffnung auf eine Professur in Greifswald zerschlug sich
leider nach einigen Monaten.

Erst 1654 wurde er in Rostock zum Professor der Philosophie ernannt. Im gleichen Jahr vermählte er sich dort
mit der Pfarrerstochter Wendela Henning. Aus der Ehe
gingen fünf Kinder hervor, von denen drei das Kindesal-
ter überlebten. Vier Jahre später (1658) nahm er einen
Ruf als Professor für Physik, Politik und Geschichte an
die Universität Rinteln an. In diesem Jahr erschien auch
sein Werk *Unio Sapientiae sive Synopsis Totius Philosophiae*, in dem er die Gebiete der Wissenschaften umreißt,
die alle unter dem Oberbegriff Philosophie zusammenge-
fasst waren. Dieses Werk repräsentiert die breite Inter-
essenlage des Michael Watson, der alles Wissenswerte in
sich aufnahm und der von seinen Zeitgenossen als wahrer
Polyhistor angesehen wurde. In Rinteln erhielt er auch
die Doktorwürde der Theologie. Sein Interessengebiet ver-
schob sich nunmehr auf Kirchen- und Profangeschichte.

Die Lebensläufe der Professoren waren damals häufig
miteinander verwoben. In Rinteln wirkte seit 1648 der
Professor für Logik und Metaphysik Peter Musäus, der
ältere Bruder des Jenaer Theologen Johannes Musäus. Als
Rektor der Universität hatte Peter Musäus sich bereits im
Jahre 1661 beim Kasseler Religionsgespräch um die Ver-

einigung der beiden evangelischen Konfessionen (d. h. Lutheraner und Reformierte) in der Hessischen Kirche verdient gemacht. Im Jahre 1663 wurde er in Rinteln zum Ordinarius für evangelische Theologie ernannt, ging aber im selben Jahr nach Helmstedt. Dort erhielt Musäus aus Kiel von Herzog Christian Albrecht den Ruf als Gründungsprofessor und erster Prorektor der neu zu gründenden Universität.

Wie es damals üblich war, wurden die Ordinarien gebeten, Empfehlungen zu weiteren Berufungen abzugeben. Somit ist der Ruf an Michael Watson wohl auch auf Fürsprache von Musäus zustande gekommen, der ihn seit fünf Jahren in Rinteln als Kollegen gekannt hatte. Gleichermaßen hatte dann Michael Watson den vielversprechenden jungen Samuel Reyher für eine Professur der Mathematik vorgeschlagen. Peter Musäus war über seine thüringischen Wurzeln auch bestens vertraut mit den Reformbestrebungen unter der Ägide des berühmten Pädagogen Andreas Reyher. Der Sohn Samuel war also prädestiniert, am Aufbau der neugegründeten Kieler Universität mitzuwirken.

Samuel Reyher lehnte wegen der besseren Perspektive in Kiel das Angebot aus Rinteln ab und folgte seinem Mentor Watson an die Kieler Förde. Zunächst stand aber noch die Reise in die Niederlande an, die wohl im Frühsommer stattfand. Dort in Leiden promovierte er mit einer Disputation *De Jure Primogeniturae* über Rechtsprobleme der Erstgeborenen, die er danach stolz von seinem Bruder Salomon in Gotha drucken ließ. Im Spätsommer reiste er dann nach Kiel, um rechtzeitig vor den Gründungsfeierlichkeiten dort zu sein.

Die Kieler Universität hatte bereits im Frühjahr eine Werbeschrift für prospektive Studenten verbreitet, die von Caeso Gramm, dem Professor für griechische Literatur, verfasst worden war. Hierin wurden die Vorzüge der Stadt Kiel und der Universität in höchsten Tönen gepriеsen.[45] Diese neue Universität war idyllisch am Nordrand der aufstrebenden Kleinstadt Kiel gelegen. Vom geschäftigen Treiben des Marktes war sie durch die Klosterkirche und ihren Kreuzgang abgeschirmt. Zu beiden Seiten erstreckten sich die ehemaligen Klostergärten, die an den Stadtgraben grenzten, von dem Kiel und die Universität umringt wurden.

Die Gebäude des ehemaligen Franziskanerklosters bildeten ein U, das einen Hof mit einem Brunnen in der Mitte umschloss und sich nach Osten zu einem größeren Platz öffnete. Dieser Universitätsplatz war mit einer Mauer umgeben und bot Zugang durch ein Tor von der Marktseite her. Vor dem Tor siedelten sich der Pedell, der Buchdrucker und der Buchbinder an. Jede Fakultät hatte ihren eigenen Hörsaal: die Juristen im Nordflügel, die Theologen im mittleren, westlichen Flügel. Philosophen und Mediziner teilten sich den Südflügel mit je einem Hörsaal. Die Bibliothek war in einem einzigen Saal über dem Südflügel untergebracht.[46] Ihre Bestände kamen ursprünglich aus der Bibliothek des Augustiner Chorherrenstiftes zu Bordesholm, die nach der Reformation vom Bordesholmer Gymnasiums übernommen wurden, aus kirchlichen Bibliotheken der Nikolaikirche und des Lübecker Bischofs sowie aus Schloss Gottorf, das seine Dubletten beisteuerte. Das Konvikt mit der Mensa befanden sich im Wirtschaftsgebäude des Klosters.

Ganz so ideal, wie Caeso Gramm es schilderte, waren die baulichen Gegebenheiten dann doch nicht. Die Theologen hatten zwar mit $282\,\mathrm{m}^2$ Fläche den größten Hörsaal zugestanden bekommen, der auch als Aula benutzt wurde. Das Juridicum folgte mit $155\,\mathrm{m}^2$. Mediziner und Philosophen nutzten drei kleine Hörsäle zu $99\,\mathrm{m}^2$, $51\,\mathrm{m}^2$ und $61\,\mathrm{m}^2$.[47] Über diesen letzteren befand sich der Sitzungssaal des Konsistoriums. Den Professoren standen keine eigenen Räume zur Verfügung. Alles in allem waren das bereits zu Beginn der Universität recht beengte Verhältnisse.

Die Professoren lasen ihre Pflichtvorlesungen jeweils eine Stunde am Montag, Dienstag, Donnerstag und Freitag. Der Mittwoch und Samstag war frei von Pflichtvorlesungen, wurde aber auch für Disputationen, Festakte oder zusätzlichen Vorlesungen der Extraordinarien anderer Fakultäten genutzt. Um die Zeiten der Vorlesungen gab es oft Streit, die dienst-jüngsten mussten auch mit sieben Uhr früh oder abends vorlieb nehmen. Frei werdende Lücken wurden nach Seniorität gefüllt. Professoren anderer Fakultäten mussten um besondere Erlaubnis zur Nutzung fremder Räume nachsuchen. Die Vorlesungen umfassten das ganze Jahr mit Ausnahme der kirchlichen Feiertage. Semesterferien wurden erst 1671 bewilligt im Umfang von je zwei Wochen während des Kieler Umschlags und zu den heißen Hundstagen im August.[48]

Im Winter waren die Hörsäle nicht beheizt. Den Professoren war es jedoch bei zu eisigen Bedingungen ab Dezember freigestellt, Vorlesungen in ihren eigenen Häusern zu halten. Auch für die Beleuchtung im Hörsaal und auf den Gängen musste die Philosophische Fakultät mit ihrer großen Zahl von Professoren, durch die sich die Hörsaalnutzung in die frühen Morgen- und späten Abendstunden ausdehnte, einen Eigenbeitrag leisten. Der Pedell hatte zudem sorgfältig darauf zu achten, dass die wertvollen Kerzen gelöscht und wieder eingesammelt wurden.[49]

Wenn ein Professor eine Reise antreten wollte, durch die Unterricht ausfiel, musste er vom Herzog dazu die Erlaubnis einholen. Dabei wurde sorgfältig darauf geachtet, dass ein dienstlicher Anlass vorlag. Über ausgefallene Vorlesungen mussten triftige Gründe angeführt werden, anderenfalls drohte eine Strafzahlung von einem halben Taler.[50]

Die landschaftlichen Reize des Kieler Umlandes wurden in Caeso Gramms Werbeschrift gebührend angepriesen. Kiel ist am Ende einer keilförmigen Bucht, der Förde, gelegen. Diese Keilform gab der Stadt den Namen *Tom Kyle*.

Die Stadt öffnete sich nach Süden über die Holstenbrücke, die den Stadtgraben überquert, zur Vorstadt. Folgte man diesem Weg um den Zipfel der Förde, der Hörn genannt wird, herum nach *Dorfgarten*, heißt es in der Werbeschrift, so erwarte den Wanderer dort freundliche Gasthäuser „mit üppigen Speisen und Getränken". Von dem darüber liegenden Hügel könne man den wunderbaren Blick auf die Stadt und den davor liegenden Hafen mit den Booten der Fischer genießen. Die Türme der Nikolai- und der Klosterkirche und das imposante Schloss überragten die Stadtmauer. Für kleines Geld, so hieß es weiter, würde ein Fischer den Besucher wieder über die Förde zurückbringen und ihn sogar unter der Holstenbrücke hindurch an einem Anleger des Stadtgrabens nahe der Universität absetzen.

Verließ man die Stadt durch das Dänische Tor nach Norden, so kam man in das Düsternbrooker Gehölz, das die Anhöhe über der Förde bedeckt. Von dort oben habe man an Lichtungen einen schönen Blick auf die Mündung des Flüsschens Schwentine, das auf der anderen Seite von den dortigen Anhöhen in die Förde mündet. Dort soll es sogar Lachse geben, die meterhoch springen, um sich von der Förde in die Laichgründe der Schwentine emporzuarbeiten. Für Fischer seien diese Lachse eine leichte Beute. Weiter flussaufwärts finde der Wanderer fünf Wassermühlen, die dem Ort Neumühlen ihren Namen gaben. Eine dieser Mühlen betriebe ein Hammerwerk, in dem Eisen geschmiedet wurde. Gramm empfahl sogar einen ausführlichen Ausflug nach dem nördlich der Schwentine gelegenen Mönkeberg mit seinen Hügeln, Hängen und grünen Ebenen. Dort könne man sich durch Bewegung und Ballspiel einen Ausgleich zum Bücherlesen schaffen.

Auch sonst bot Kiel einige Attraktionen. Das Marsfeld in der Vorstadt war eine Reitbahn von 120 Schritt (etwa 90 m) Länge und acht Schritt (etwa 6 m) Breite, auf der Wettkämpfe im Ringereiten ausgetragen wurden. Dabei musste der Reiter in vollem Galopp mit einer Lanze einen kleinen Ring aufspießen, der an einem Seil zwischen zwei Pfosten hing. Am Marsfeld gab es auch einen hohen Mast zum Vogelschießen.

Die wirtschaftliche und strategische Bedeutung des Kieler Hafens wurde von Caeso Gramm ebenfalls gewürdigt. Bei der Stadt Kiel war der Hafen 1440 Schritt (knapp 1100 m) breit und 18 bis 42 Ellen (11 bis 25 m) tief. Das bot sogar den mit schweren Kanonen bestückten dänischen oder schwedischen Kriegsschiffen sowohl hinsichtlich ihrer Größe als auch ihres Tiefganges genügend Raum.

Politisch hielt sich Caeso Gramm aber deutlich zurück. Die wechselvolle Rolle der Festung Christianspries, die an der engsten Stelle der Förde gelegen war, erwähnt er nicht. Diese hatte der Dänenkönig Christian IV. zum Schutz seines Reiches gegen die Schweden im Dreißigjährigen Krieg errichtet. Um sie zu erreichen, musste man nördlich von Kiel das Flüsschen Levensau überqueren, das die Landesgrenze zwischen Schleswig und Holstein bildete. Nach ihrer Eroberung durch die Schweden und Zerstörung durch die Dänen hatte der Dänenkönig Friedrich III. die Festung vor wenigen Jahren wieder aufbauen lassen. Jetzt trug sie den Namen Friedrichspries. Ob sie dem Schutz der Stadt Kiel vor den Schweden diente oder den Zugang zum Kieler Hafen durch die Dänen kontrollierte, hing von den wechselnden Bündnissen des Herzogs ab.

Fast im Sinne moderner Tourismuswerbung wird in Gramms Schrift die gute Seeluft, das gemäßigte Klima und die hohe Qualität des Kieler Trinkwassers gelobt, das aus frischen Quellen stammte und mit Wasserleitungen aus hohlen Baumstämmen in die Stadt geleitet wurde. Dass man damit auch ein gutes Bier brauen konnte, durfte nicht unerwähnt bleiben. Natürlich gab es auch importiertes Bier aus Hamburg, Lübeck, Rostock oder Wismar. Der anspruchsvolle Gast fand in Kiel zudem eine Auswahl bester Weine aus Franken oder vom Rhein. Selbst französische, italienische, ungarische oder spanische Weine soll es in Kiel „zu einem erträglichen Preis" gegeben haben.

Der Hering galt bei Caeso Gramm zwar als das Essen für arme Leute. Dennoch ließ er sich über die verschiedenen Zubereitungsarten im Detail aus. Es gab Hering frisch gekocht mit Rettich und Essig gewürzt. Er konnte auch als Brathering auf dem Rost, oder in der Pfanne mit Butter gebacken werden. Haltbar wurden Heringe gemacht durch Trocknen im Rauch als Bücklinge oder in Salz eingelegt als Pickelheringe. Die Liste der anderen in Kiel angebotenen Edelfische war lang. Steinbutt, Flunder, Dorsch aber auch Muscheln und Krabben fanden sich auf seiner Liste. Aal, Barsch, Karpfen, Hecht und Lachs lieferten die Flüsse und Seen der Umgebung. Alles in Allem hat er Kiel als das reinste Paradies geschildert.

Die Realität dieses Paradieses sah indessen anders aus. Zwar hatte es in den zurückliegenden 40 Jahren auch lange Phasen der wirtschaftlichen Blüte gegeben, in denen das Land reich geworden war. Jedoch war es von den Wirren des Dreißigjährigen Krieges keineswegs verschont geblieben. Die ältere Generation hatte noch die Besetzung des Landes durch die Truppen Tillys und Wallensteins im Jahre 1627 miterlebt, unter der am stärksten die westlichen Landesteile gelitten hatten. Kiel wurde damals zuerst von Tillys Truppen erobert und im Folgejahr von einer dänischen Flotte aus 47 Schiffen belagert und mit Kanonen beschossen. Doch mit dem Frieden zu Lübeck von 1629 war der Dänenkönig aus dem deutschen Kriegsgeschehen ausgeschieden. Aus dem Munde eines englischen Obersten klingt das so:

> Das Land war voller Segen und schwamm im Überflusse; die Adeligen lebten wie der hohe Adel in England, die Bürgerlichen wie unserer niederer Adel; aber binnen sechs Monaten kam Verderben über das Land und aller Wohlstand war dahin.[51]

Während in Münster und Osnabrück seit 1644 über

einen Ausgleich der Interessen zwischen den Kriegsparteien verhandelt wurde und dann 1648 der Westfälische Friede im Reichsgebiet ein Ende der offenen Kampfhandlungen herbeiführte, war der Konflikt um die Vorherrschaft im Ostseeraum zwischen Dänen und Schweden noch nicht beendet. Längst ging es nicht mehr um Religionsfragen, sondern um die wirtschaftliche Dominanz. Dänemark kontrollierte mit seiner Zollerhebung in Glückstadt den Warenverkehr auf der Elbe und mit dem Sundzoll den Zugang zur Ostsee.

In dieser Zeit war Kiel ein Zentrum der Auseinandersetzung geworden. Im Dezember 1643 waren schwedische Truppen unter Feldmarschall Torstenson in Holstein einmarschiert und hatten ganz Jütland besetzt. In Kiel wurde das Hauptquartier errichtet und die Stadt litt wieder unter den Lasten der Einquartierung und der Contributionen. Herzog Friedrich schloss im Januar 1644 einen Separatfrieden mit den Schweden und strebte die Neutralität für seine Lande an. Torstenson wurde aber von den Dänen zurückgedrängt. Dann erlebten die Kieler im Juli eine Seeschlacht unmittelbar vor der Kieler Förde. Die schwedische Flotte wurde vor der Kolberger Heide von den Dänen besiegt und jedermann konnte sehen, wie die verbliebenen Schiffe der Schweden sich in den Kieler Hafen zurückzogen. Die Dänen blockierten den Hafen bei der Festung Christianspries. Bei aufkommendem günstigem Wind gelang den Schweden jedoch der Ausbruch aus der Förde.

Kiel musste weiter unter dem Krieg leiden; denn in dieses Machtvakuum nach Abzug der Schweden sind kaiserliche Truppen vorgestoßen und haben im August 1644 Kiel erobert und geplündert. Nach deren Abzug haben wiederum die Schweden Kiel besetzt. Erst der Frieden von Brömsebro von 1645 brachte Kiel eine Friedensphase.

Zwölf Jahre später, 1657, erklärte der Dänenkönig Friedrich III. den Schweden erneut den Krieg. Jedoch gelang den Schweden über den zugefrorenen Belt der Zugang zu den dänischen Inseln und sie eroberten Ende Januar 1658 Seeland. Mit dem Frieden von Roskilde im Februar 1658 verlor Dänemark Gebiete in Norwegen. Aber dieser Friede wurde nicht mehr als ein fünfmonatiger Waffenstillstand.

Dem Schwedenkönig Karl X. reichte nämlich dieser Zugewinn nicht. Er wollte Dänemark vollständig unterwerfen. Bereits seit 1657 hatte er sein Hauptquartier in Kiel aufgeschlagen und schiffte von dort im August 1658 eine Armee aus 2000 Mann Fußvolk und 4000 Mann Kavallerie[52] zum Angriff auf Dänemark ein, ein Riesenspektakel im Kieler Hafen. Wieder wurden die herzoglichen Lande von Söldnern aus Polen, Brandenburg und von anderen kaiserlichen Truppen besetzt und verwüstet, die zuvor im Osten gegen die Schweden gekämpft hatten und nun den Dänen zu Hilfe kommen wollten. 1659 begann die dänische Flotte, mit Unterstützung durch die Niederlande, die Schweden von der Insel Fünen zu vertreiben. Im Oktober ankerte diesmal die dänische Flotte in Kiel. (So viel zu Caeso Gramms Anmerkung, dass der Kieler Hafen großen dänischen oder schwedischen Kriegsschiffen genügend Raum böte.) Im November verloren die Schweden die Schlacht bei Nyborg. Der Frieden von Kopenhagen setzte 1660 diesem zweiten Nordischen Krieg ein Ende.

Dieser letzte große Krieg lag erst fünf Jahre zurück, als Samuel Reyher in Kiel ankam. Er mag die Grammsche Werbeschrift bereits in Rinteln studiert haben. Mit der Kieler Geschichte und den tatsächlichen Verhältnissen in Kiel war er wohl zu diesem Zeitpunkt nur in Umrissen durch Watsons Schilderungen bekannt. Ihm selbst hatte 1665 schlicht die Zeit für einen Besuch in Kiel gefehlt, da er durch die Promotion in Leiden gebunden war. Zunächst wird er wenig Zeit gefunden haben, die Schönheiten der Kieler Umgebung kennen zu lernen. Die Vorbereitung auf seine anstehenden Aufgaben und die Notwendigkeit, sich in Kiel einzurichten, haben sicherlich seine Freizeit aufgezehrt. Aber später hat er solche Ausflüge in die Umgebung sehr genossen. Die Hintergründe der herzoglichen Politik wird er erst durch seine Kontakte zu Kieler Honorationen und durch seinen Schwiegervater erfahren haben, dazu später mehr.

Michael Watson

Am 9. August 1665 hatte Samuel Reyhers Mentor, Michael Watson, mit einer Abschiedsrede[53] seine Tätigkeit in Rinteln beendet. Mit den neuen Aufgaben in Kiel hat er sich als Professor primarius der Philosophischen Fakultät und Dekan gleich sehr viel zugemutet. Im Sommer war der Umbau des Franziskanerklosters zu Universitätsgebäuden noch immer eine große Baustelle. Mauern mussten herausgebrochen und Decken abgestützt werden, um aus den Klosterzellen größere Hörsäle zu schaffen. Der Herzog Christian Albrecht übte persönlich Druck auf einen rascheren Fortgang der Arbeiten aus, da die angekündigte Eröffnung am 5. Oktober, für die die Universität mit Caeso Gramms Schrift die Werbetrommel gerührt hatte, bereits infrage gestellt wurde.

Mit der Vorbereitung auf die Lehrveranstaltungen und den organisatorischen Aufgaben eines Dekans verbrachte Michael Watson nach einem anstrengenden Tagewerk regelmäßig auch noch Teile der Nacht. Er hatte sich selbst weitere enge Termine gesetzt: Bereits am 11. Dezember sollte sein schwedischer Student, Laurentius Petri Aroselius, eine Disputation über das Thema *De Historia Antediluviana* halten, in der die Zeitrechnung von der Erschaffung der Welt bis zu Noahs Sintflut dargelegt wird. Im Jahre 1665 betrage nach Watsons Auffassung das Weltalter 5614 Jahre. Das entsprach dem kanonischen Schöpfungstermin im Jahre 3950 v. Chr., der bis auf Unterschiede von Tagen und Wochen von den meisten Theologen seiner Zeit akzeptiert wurde.

Das Thema war wieder hochaktuell geworden, als der

43

Historiograph Isaac Vossius, ein Freidenker, der Sohn des großen Humanisten und Polyhistors Gerardus Vossius, im Jahre 1659 eine kontroverse Schrift *Über das wahre Weltalter*[54] veröffentlicht hatte, in der er Argumente anführte, das Weltalter um 1440 Jahre zurück zu datieren, damit das von Isaac La Peyrère 1655 wieder angestoßene Problem der Präadamiten gelöst werden konnte. Die Bibel berichtet nämlich im Buch Genesis, dass Kain sich eine Frau nahm. Wo kam die her? Hat er eine jüngere Schwester geheiratet? Oder gab es außerhalb des Paradieses doch andere Menschen? Von wem stammten eigentlich die dunkelhäutigen Afrikaner ab? In all diesen Fragen kristallisierte sich die Problematik einer wörtlichen Auslegung der Bibel heraus, die in Konflikt mit den jetzt aufkommenden rationalen Wissenschaften kam.

In dieser Kontroverse wurde die mosaische Chronologie auch durch heidnische Quellen, wie die Zeitrechnung der Babylonier, Ägypter und Chinesen infrage gestellt. Ausgerechnet die Jesuiten, die als Missionare nach China entsandt worden waren, berichteten von der präzisen Dokumentation der Dynastienfolge in China, die Zweifel an der Abstammung von Adam und Eva und am biblischen Weltalter weckten.

Die geplante Disputation von Laurentius Petri über die Zeitrechnung vor der Sintflut war ein Bestandteil der von Watson für das Wintersemester angekündigten Vorlesung über Universalgeschichte. Daneben bot er ein Privatissimum über das Staatswesen bei den Römern und Germanen an.

Das Semester begann zunächst sehr heiter mit den Feierlichkeiten zur Eröffnung der Universität, die mehrere Tage dauerten. Am 3. Oktober zog der Herzog mit großem Prunk in Kiel ein. Die Leibgarde bildete die Spitze des Festzuges.[55] Es folgten die Bediensteten des Hofes und der Ritterschaft. Musik von Posaunen und Trommeln erfüllte die Luft. Den Ehrenplatz in der Mitte des Festzuges besetzten der Herzog Christian Albrecht und sein Bruder August Friedrich hoch zu Ross. Ihnen folgten ebenfalls zu Pferde der Statthalter der königlichen Landesteile, Detlef Rantzau, dahinter die königlichen und herzoglichen Landesbeamten und die Ritterschaft. Den Abschluss bildeten die sechsspännigen Prachtkutschen des Herzogs und seines Bruders und weitere Wagen. Diese Entfaltung höfischer Pracht war ein Ereignis, dessen Bilder sich den Kielern einprägten.

Der nächste Morgen begann mit der feierlichen Verpflichtung der Professoren, die dem Herzog einzeln den Gefolgschaftseid leisten mussten. Dann zog sich der Herzog auf das Kieler Schloss zurück. Die eigentlichen Feierlichkeiten zur Eröffnung der Universität waren für den Folgetag vorgesehen. Ein Glockenschlag von der Nikolaikirche gab Professoren und Studenten das Signal, sich in einem geordneten Zug von der Universität im Franziskanerkloster zum Kieler Schloss zu begeben. Dort formierte sich der feierliche Festzug zur Nikolaikirche. Angeführt wurde er wieder von der Leibwache des Herzogs. Es folgten die Deputierten der Städte und Landschaften, dann die recht stattliche Zahl von 162 Studenten.[56] Hinter ihnen folgten Pröpste und Pastoren, danach die 14 Professoren in Zweierreihe, nach Fakultäten geordnet. Das waren die Theologen Peter Musäus, Christian Kortholt und Paul Sperling, die Juristen Erich Mauritius und Samuel Rachel, die Mediziner Caspar March und Johann Daniel Major, sowie die Philosophische Fakultät mit Michael Watson, Matthias Wasmuth, Daniel Georg Morhof, Samuel Reyher, Caeso Gramm, Nicolaus Martini und Adam Tribbechovius.[57] Diesen schloss sich, diesmal zu Fuß, die Ritterschaft an. Adelige Pagen trugen auf Samtkissen die Privilegien und Insignien der Universität. Der Herzog und sein Bruder waren die einzigen zu Pferde und überragten den Festzug.

Rodenberg und Pauls berichten weiter, dass sich dem feierlichen Gottesdienst in der Nikolaikirche eine akademische Feier mit Festreden, Musik und Chorgesang am selben Ort anschloss. Der Herzog ließ verkünden, dass er für sich selbst die Würde des Rektors in Anspruch nähme. Zu seinem Stellvertreter und Prorektor ernannte er den Theologen Peter Musäus, dem der purpurne Rektormantel umgelegt wurde. Dieses Amt sollte im halbjährigen Wechsel vergeben werden. Musäus empfing die Insignien der Universität: die silbernen Zepter als Zeichen der Gerichtsbarkeit, die Privilegien, die Schlüssel und die Siegel der Universität und ihrer Fakultäten.

Das sich anschließende Festmahl fand im Schloss statt. Nach den sechs Stunden in der Kirche wird man wohl großen Hunger gehabt haben. Die Professoren hatten ihren Platz an der Ehrentafel, deren Präsidium der kaiserliche Gesandte Johann Adolph Kielmann von Kielmannsegg innehatte. Rechts und links von ihm saßen der Herzog und sein Bruder. Nach feierlichen Trinksprüchen auf den Kaiser, das Haus Österreich und das Deutsche Reich, sowie auf Könige, Fürsten etc. ging die Feier allmählich in ein lautstarkes Gelage über, bei dem viel Wein floss und das bis in die Nacht dauerte.[58]

Am nächsten Morgen wurden die Universitätsgebäude in einer akademischen Zeremonie eingeweiht. Nach einer würdigen Feierstunde mit Festreden von je einem Professor aus den vier Fakultäten folgte ein Possenspiel mit dem Pedell als Hauptfigur. Es trat ein Student mit wirren Haaren und Bockshörnern auf, der erst durch das Studium zu einem wirklichen Menschen gemacht würde. Dazu schlug ihm der Pedell die Bacchantenhörner ab, schnitt ihm mit einer Riesenschere die wirren Haare und kämmte sie unter viel Gelächter der Zuschauer mit einem überdimensionalen Kamm. Auch dem Herzog hat die Posse gefallen. Zu seinen Ehren als dem Rektor der Universität veranstalteten die Studenten am Abend einen Fackelzug, worauf hin Christian Albrecht aus seinem Keller vier Fässer Rheinwein und zehn Fässer Bier stiftete.[59] Am 7. Oktober fanden die Feierlichkeiten schließlich ein Ende mit der Abreise des Herzogs nach Gottorf, und der Universitätsalltag begann sich zu normalisieren. Das Vorlesungsverzeichnis erschien erst einen Monat nach der Eröffnung der Universität.

Die folgenden Wochen wurden überschattet durch das traurige Schicksal des Michael Watson. Daran mag auch das schlechte Wetter Schuld gehabt haben. Den Festtagen war Sturm- und Regenwetter vorausgegangen, das aber außer einem heftigen Gewitter mit ergiebigem Regen am Abend des Einzugs des Herzogs sonnigem Herbstwetter gewichen war. Der November muss dann aber wohl ein stürmischer Monat gewesen sein. Mitte des Monats registrierte Samuel Pepys, Staatssekretär im englischen Marineamt, in seinen peniblen täglichen Tagebuchaufzeichnungen für London starke Winde, die am 14. und 15. Sturmstärke erreichten und an der englischen Süd- und Ostküste schwere Schäden anrichteten. Auch die Niederlande waren davon betroffen. Eine zweite Sturmfront wurde am 24. und 25. berichtet, die Überflutungen auch an der irischen Küste verursachten. An der Ostsee kommt es dabei typischerweise zunächst zu Süd- und Südwestwinden, die noch warme Luft herbeischaffen, während die Kaltfront des Tiefs den Regen und den Temperatursturz bringt. Hinzu kamen die nun schon deutlich kurzen Tage mit wenig Sonnenlicht und Wärme.

Es ist diese Gemengelage, in der aus Überarbeitung und dem feuchten Seeklima, wahrscheinlich verbunden mit einseitiger Ernährung, bei Michael Watson ein Krankheitsbild entstand, das pauschal als Skorbut bezeichnet wird und nicht nur Seeleute betraf, sondern an der Nordseeküste weit verbreitet war.[60] Nach dem Kenntnisstand der Zeit sollte Skorbut durch das Zusammentreffen von einseitiger Ernährung (Fisch, Fleisch, Brot) oder minderwertige Speisen mit einem längeren Aufenthalt in kalter, feuchter Luft ausgelöst werden. Eine Massenerkrankung an Skorbut hatte es nicht lange zuvor bei der Belagerung von Breda gegeben, die vom 27. Aug. 1624 bis zum 2. Juni 1625 dauerte. Die holländischen Provinzen hatten zwar bereits vor Jahren vorsorglich Vorräte an Roggen, Käse und Trockenfisch für den Fall einer Belagerung angelegt. Während Fisch und Käse regelmäßig erneuert worden waren, lag aber der Roggenvorrat bereits seit 30 Jahren in den Speichern und taugte kaum noch zum Backen. Während der Belagerung verdarb der Käse auch bald, und die Einwohner verzehrten sogar Hunde- und Pferdefleisch. Das anhaltend nasse Wetter und die feuchten Unterkünfte kamen hinzu.

Küstenbewohner an der Nordsee und im Baltikum, die sich vorwiegend von Fisch ernährten, litten generell stärker unter Skorbut. In Frankreich war dagegen der Skorbut nahezu unbekannt. Zur Heilung wurden bereits im Jahr 1576 von dem niederländischen Arzt Wierus (Johann Weyher) frische Kräuter wie Löffelkraut (*Cochleria officinalis*) und Wasserkresse (*nasturtium officinale*) in Verbindung mit leichter Krankennahrung verordnet. Für das Frühstadium des Skorbuts war zwar die heilsame Wirkung von Südfrüchten, wie Orangen und Zitronen, schon 1593 von Solomon Albert erwähnt worden. Caeso Gramm erwähnt auch, dass in Kiel Orangen, Zitronen und Feigen importiert würden. Das mag aber nicht für den Monat November zutreffen. Außerdem war die Rolle von Vitaminen noch gänzlich unbekannt und man schrieb die Wirkung der Südfrüchte wohl der Säure zu, so dass auch Essig und Wein verordnet wurden. Zitronensaft als Mittel gegen Skorbut auf See wurde zwar schon im 17. Jahrhundert praktiziert, aber erst im 18. Jahrhundert als systematische Prophylaxe eingesetzt.

Die Medizin unterschied damals Skorbut auf See und den Landskorbut als verschiedene Krankheitsformen.[61] In Flandern, Brabant und Holland wurde im Winter, wenn keine frischen Kräuter verfügbar waren, ein Elixier aus ei-

nem Wegerichgewächs (*Veronica beccabunga*) und Löffelkraut mit Zucker als Konservierungsmittel verabreicht,
das unter dem Namen *Syrup Foresti* berühmt war und bereits 1595 von dem Holländer Pieter van Foreest beschrieben wurde. Der Gehalt an Vitamin C war aber gering und
aus heutiger Sicht die heilende Wirkung fraglich.

Die ersten Anzeichen von Skorbut sind Erschöpfung und
Antriebslosigkeit. Von diesen Symptomen war Watson bereits einige Zeit betroffen. Eine ausführliche Schilderung
des Krankheitsverlaufes findet sich in dem akademischen
Nachruf, der anlässlich seiner Grablegung verfasst wurde.[62] Das Schicksal seines Kollegen wird Reyher aufmerksam verfolgt und mitfühlend begleitet haben, was hier eine Wiedergabe des lateinischen Textes von Watsons *Programma in funere* rechtfertigt:

> Es gehörte zu Watsons Arbeitsweise, bis spät
> nachts am Katheder stehend zu schreiben
> und zu denken. Daraus folgerten seine Ärzte
> später eine Stauchung des Brustkorbs und Ver-
> stopfung des Zwerchfelles, die den stechenden
> Schmerz, den er auf der rechten Seite spürte,
> erklären könnte. Auffällig war auch seine fahle,
> ins bläuliche gehende Gesichtsfarbe.

> Die Krankheit brach in vollem Maße aus, nach-
> dem er aus Pflichtgefühl am 28. November
> noch zu der Hochzeitsfeier eines Kollegen ge-
> gangen war, die aber sehr gesittet und maß-
> voll verlief. Abends um zehn hatte er sich dort
> mit Hinweis auf seine noch anstehende nächt-
> liche Arbeit verabschiedet. Zu den Schmer-
> zen gesellte sich ein trockener Husten und
> zunächst leichtes Fieber. In der Nacht wurde
> es dann schlimmer. Quälender Durst, Kopf-
> schmerz und heftiges Erbrechen trat auf, so
> dass man den Bader zum Aderlass kommen
> ließ.

Als das Fieber am nächsten Tag immer weiter anstieg, zog man seinen Professorenkollegen aus der medizinischen Fakultät, Johann Daniel Major, als erfahrenen Arzt hinzu, der ihn gründlich untersuchte und mit seinen speziellen Kenntnissen der Botanik und Heilpflanzen allerlei Medikamente verschrieb. Zu diesem Zeitpunkt glaubte dieser noch an die selbstheilenden Kräfte der Natur, die man nur bestärken müsse. Aber die nicht eintretende Besserung ließ es Major ratsam erscheinen, auch noch seinen Kollegen Caspar March zu Rate zu ziehen, der das Fachgebiet Praktische Medizin vertrat. Das Krankheitsbild erschien ihm zu unklar und schwerwiegend, so dass er nichts versäumen wollte.

Bei dem Kranken zeigte sich aber nach den vielen schlaflosen Nächten, den heftigen Schmerzen und häufigem Erbrechen wenig Lebenskraft. Am 7. Dezember um 10 Uhr vormittags ist Michael Watson dann friedlich und wie ein Schlafender im Beisein seiner Kollegen und Freunde verschieden.

Mit Michael Watson hatte Samuel Reyher seinen Mentor und Freund verloren, mit dem er noch so viele wissenschaftliche Fragen diskutieren wollte. Die Disputation von Laurentius Petri Aroselius fand am 11. Dezember ohne den Präsiden Michael Watson statt. Samuel Reyher nahm sich danach dieses Theologiestudenten an.

Kieler Umschlag

Für die junge Kieler Universität stand im Frühjahr 1666 bereits eine Bewährungsprobe an. Wollte sie doch mit den ersten Promotionen dem Herzog beweisen, wie leistungsfähig sie war. Bis kurz vor Weihnachten konnten sich Kandidaten hierzu anmelden. Zu denen gehörten verständlicherweise erst sechs Studenten, die schon andernorts studiert hatten. Die übrigen zehn Kandidaten hatten bereits ein Amt an der Universität. Nur fehlte ihnen der formale Doktortitel, der sie selbst erst zum Abhalten von Doktorprüfungen befugte und ihnen Gebühren einbrachte. Die Lehrerlaubnis hatten sie ja schon mit dem Magistertitel erhalten.

Der Termin für die feierliche Promotion wurde nun auf den 22. Januar festgesetzt, der in die Zeit des alljährlichen Kieler Umschlages fiel. Diese Wintermesse wurde stets vom 6. Januar bis zum 2. Februar abgehalten. Hier versammelten sich der holsteinische Adel und viele Kaufleute zur Vergabe von Krediten und der Eintreibung von Forderungen. Zinszahlungen oder Pachtzahlungen mussten in den acht Tagen nach Dreikönig hier am Ort in Kiel geleistet werden. Auch Wechsel wurden auf diesen Termin und Erfüllungsort ausgestellt. Kaufleute und Handwerker pflegten bis zu diesem Termin Kredit zu geben. Für die Gläubiger bot diese Messe die Möglichkeit, zurück erhaltenes Kapital gleich wieder neu verleihen zu können. In diesen Wochen kamen die Geschäftspartner Auge in Auge zusammen und es wurden erhebliche Summen umgesetzt.[63]

Eine Besonderheit des damaligen Rechts war die Unterwerfung des adeligen Schuldners unter das Einlager (*obsta-gium*), eine freiwillige Schuldhaft. Der säumige Schuldner oder Bürge begab sich dazu mit seinem Gefolge auf eigene Kosten in eine vom Gläubiger bestimmte Herberge und verblieb dort solange unter Hausarrest, bis er oder seine Verwandten die ausstehende Schuld beglichen hatten. Bei vorzeitigem Verlassen des Einlagers drohte der Ehrverlust. Eckardt erläutert, dass zu den „unehrlichen Leuten" Spielleute, Hirten, Schäfer und Müller gehören, die keinen festen Wohnsitz haben, ferner Bader, Barbiere, Leineweber, Zöllner, Totengräber, Türmer, Nachtwächter, Gerichtsdiener, und vor allem der Scharfrichter.[64] „Hartherzig, wie der holsteinische Adel war, scheute er nicht davor zurück, seine nächsten Verwandten in's Einlager zu mahnen, der Sohn den Vater, die Frau den Mann (was der Frau dann 1630 verboten wurde) ohne Rücksicht auf Alter und Schwäche."[65] Auch der Herzog war diesem Recht unterworfen. Fürsten schickten allerdings oft Stellvertreter ins Einlager. Starb ein Schuldner im Einlager, so blieb der Tote oft unbegraben liegen oder wurde vor der Kirchhofsmauer eingescharrt.[66]

In diesen Wochen des Kieler Umschlags hielt sich der Adel mit Gefolge in seinen Stadthäusern auf. Das Wohnen in Gasthäusern war – wie auch später in allen Messestädten – eine zu teure Angelegenheit. Auch der Herzog hielt sich zu dieser Zeit auf dem Kieler Schloss auf, so dass die Universität beste Gelegenheit hatte, sich dem Herzog zu präsentieren. Auch war dies eine wichtige Werbeveranstaltung, mit der die jungen Adeligen und auch die Bürgersöhne zum Studium in Kiel ermuntert werden sollten.

Diese Doktorprüfungen beinhalteten neben zwei Examina auch eine Disputation, die universitätsöffentlich abgehalten wurde und zu der auch geladene Gäste Zutritt hatten. Der Hörsaal für die Disputation wurde festlich geschmückt. Der Rektor und die Professoren erschienen in ihren Talaren. Vom hohen Katheder aus lenkte der Präses die Disputation. Dem Kandidaten gegenüber stand der Opponent, der die Thesen des Kandidaten in Zweifel zog. Hierüber ergab sich ein lebhaftes Wortgefecht der beiden in geschliffener lateinischer Sprache, in dem jeder den anderen mit Wortwitz und Schlagfertigkeit zu übertreffen versuchte. Den Zuhörern, unter ihnen königliche und herzogliche Räte, bot sich so ein spannendes akademisches Schauspiel, das von den Kandidaten hohe geistige und körperliche Kondition verlangte. Zog sich doch eine Disputation über jeweils drei Stunden am Vormittag und Nachmittag hin.[67] Mit diesen Disputationen der verschiedenen Fakultäten waren die Tage vom 4. bis zum 20. Januar gefüllt.

Neben dem Geldmarkt fand während der ganzen vier Wochen ein Jahrmarkt statt, der in den Hallen unter dem Rathaus und an Ständen in der Holstenstraße abgehalten wurde. Buch- und Bilderhändler hatten ihre Verkaufsstände auch um und in den Kirchen. Eckardt beschreibt diese Szenerie wie folgt: Gaukler und Possenreißer, Musikanten und Komödianten waren da. Andere verkauften Kräuter, Mittel gegen Zahnweh, oder sogar Ratten- und Mäusegift. Läusesalbe wurde gegen Gedächtnisschwund angepriesen. Einer wusch sich Hände und Gesicht mit geschmolzenem Blei, ein anderer schnitt seinem Gefährten mit einem Messer durch die Nase ohne ihn zu verletzen, ein dritter zog einer Person scheinbar etliche Ellen Schnüre aus dem Mund. In dem Gedränge des Jahrmarkts hatten auch Taschendiebe leichtes Spiel, die bereits bandenmäßig organisiert waren.[68]

Wir können nur vermuten, wie der nun 30-jährige Samuel Reyher dieses Ereignis erlebt hat. Von Leipzig kannte er ja die Wintermessen und die zu Ostern abgehaltenen Frühjahrsmessen, die nach dem großen Krieg wieder aufgelebt waren. Neben dem akademischen Spektakel der Disputationen und den Jahrmarktsattraktionen gab es sicherlich auch gesellschaftliche Begegnungen, die seinem Stande entsprachen. Der Kieler Umschlag war ja auch eine Gelegenheit zur Brautschau, und manche Ehe wurde so angebahnt. Der Adel pflegte seine Hochzeits- und Geburtstagsfeiern in die Zeit des Umschlages zu legen, wo alle an einem Ort versammelt waren. Auch Begräbnisfeiern für die im Winter verstorbenen fanden jetzt statt.

Aus einer späteren Bemerkung Reyhers in der 1697 erschienenen Schrift *Experimentum Novum*[69] geht hervor, dass er von der Familie des Amtsschreibers von Trittau, Joachim Kohlblatt, schon seit 31 Jahren unterstützt wurde. Also muss er diese bereits 1666 kennengelernt haben. Dessen Vater Paul war bereits Amtsschreiber von Kiel, Ratsherr und sogar Bürgermeister gewesen. Joachim Kohlblatt war mit der Tochter des Kieler Syndicus Conrad Hessen verheiratet. Der junge Professor Reyher verkehrte also mit den Honoratioren der Stadt. Joachim Kohlblatt soll neben zwei Söhnen auch zwei Töchter gehabt haben. Es war also sicherlich kein Fehler, diese dem noch unvermählten jungen Professor vorzustellen. Der Sohn Paul des Joachim Kohlblatt hatte sich dann 1667 an der Christiana-Albertina immatrikuliert. Dort ist er zwangsläufig in den *artes* mit Professor Reyher in Kontakt gekommen. Später wurde er Gutsbesitzer auf Schrevenborn und sogar Kieler Ratsmitglied. Zwischen Reyher und Paul Kohlblatt entwickelte sich eine langjährige freundschaftliche Beziehung.

Weltbilder

Für das Wintersemester 1665 hatte Samuel Reyher eine öffentliche Vorlesung über die wichtigsten Grundlagen der Geometrie und Arithmetik angekündigt, damit er im folgenden Sommersemester, darauf aufbauend, *architectura militaris*, d.h. die Lehre von der Anlage militärischer Befestigungen, lehren könne. Das war ja das Fachgebiet, das er bei Nicolaus Goldmann in Leiden erlernt hatte und das vorwiegend an die jungen Adeligen adressiert war, die zum Militär wollten. Privatim bot er eine Einführung in die Astronomie oder Geographie an. Im Wintersemester hatte er zunächst dem ranghöheren Dekan der Philosophischen Fakultät, Michael Watson, den Vortritt für eine Disputation eingeräumt. Mit einer solchen stellten sich neu berufene Professoren der Universität üblicherweise vor.

Für das Sommersemester 1666 hatte sich Reyher vorgenommen, die verschiedenen Weltbilder der Astronomie in seiner Disputation unter dem anspruchsvollen Titel „Die Welt" (*De Mundo*)[70] zu präsentieren. Es ging ihm dabei um nichts weniger, als die Struktur des bekannten Universums zu erörtern. Damit wurde er seiner Rolle innerhalb der Philosophischen Fakultät gerecht, als Mathematicus die Welt durch die Brille der Naturwissenschaft zu betrachten. Gleichzeitig hat er aber auch den pädagogischen Anspruch, die Problematik des naturwissenschaftlichen Weltbildes im Verhältnis zur Religion einem allgemeinen bildungshungrigen Publikum zu vermitteln. Zuletzt war dieses Thema auch eine Hommage an die Disputationen, die sein Vater damals gehalten hatte und spiegelte das Weltbild wieder, das er im Elternhaus erhalten und in seinen Studien in Leipzig und Leiden erweitert hatte.

Für dieses Thema hat er den schon vorgestellten Theologiestudenten Laurentius Petri Aroselius gewinnen können, der bereits im Dezember bei Michael Watson unter so tragischen Umständen über die Zeitrechnung vor der Sintflut disputiert hatte. Dieser Student stammte aus der Gegend von Westerås in Mittelschweden, wo sein Vater Dompropst war. Offensichtlich hatte es ihn an die damals nördlichste protestantische Universität in Deutschland gezogen. Das spricht für den guten Ruf, der der neugegründeten Universität vorauseilte, und war sicherlich auch in der theologischen Autorität des Peter Musäus begründet. Laurentius Petri Aroselius ist nach dem Sommersemester zur Fortsetzung seiner Studien nach Leipzig und Jena weitergezogen, wo er bei dem Theologen Johannes Musäus, dem Bruder des Peter Musäus, 1668 über ein theologisches Thema disputierte. In Uppsala erlangte er den Magistergrad der Philosophie. Er wurde später Pfarrer in Sala und Abgeordneter im schwedischen Reichstag.

Studenten disputierten in der Regel über Dissertationen, die ihre Professoren verfasst hatten. Darin konnten sie ihren Kenntnisstand beweisen. Andererseits boten die Dissertationen den Professoren die Gelegenheit, die neuesten wissenschaftlichen Erkenntnisse vorzustellen, die noch nicht in Lehrbücher eingeflossen waren. Daher waren stets viele neugierige Fachkollegen anwesend.

Seit Galileis Prozess, der üblicherweise den Wendepunkt zu einem geozentrischen Weltbild markiert, waren bereits mehr als 30 Jahre vergangen. Die Standpunkte waren aber immer noch verhärtet. Mit den jetzt aufkommenden rationalen Naturwissenschaften begann die Philosophie, die „Magd der Theologie", erneut ihre ureigene Daseinsberechtigung einzufordern. Dabei traten die offensichtlichen Konflikte zwischen Aussagen der Bibel über Vorgänge am Himmel und den sich immer weiter verfeinernden Vorstellungen der Astronomen offen zutage. Wie ging nun Reyher mit diesem Konflikt zwischen Glauben und naturwissenschaftlicher Erkenntnis um?

Sein Glaube, dass Gott die Welt erschaffen hat und ihn in seinem Leben behütet, war durch die Erziehung in seinem Elternhaus und durch die Schrecken des Dreißigjährigen Krieges, in denen nur ein fester Glaube noch Halt bot, unerschütterlich. Zwar waren die Theologen in Kiel zusätzlich durch ihren Amtseid zur Wahrung der reinen lutherischen Lehre verpflichtet. Für die übrigen Professoren gab es jedoch keine Glaubensverpflichtung.[71]

Reyher hat seiner Dissertation *De Mundo* ein Proömium vorangestellt, in dem er seine Herangehensweise darlegt. Eingerahmt wird dieser Text von einem Glaubensbekenntnis. Mit der damals gebräuchlichen Formel *Juvante Jova!* ruft er die Hilfe des alttestamentarischen Schöpfergottes herbei. Die Transkription der hebräischen Konsonantenschrift des Gottesnamens JHWH als Jova war im 17. Jahrhundert geläufig. Gleichzeitig schlägt dieser Hilferuf, der das römische *Juvante Jove* abwandelt, das sich auf den Göttervater Jupiter bezieht, eine Brücke zu den alten Philosophen. Er beschließt sein Proömium mit Psalm 148. In der Lutherbibel (2017) lautet dieser: *Lobet im Himmel den HERRN, lobet ihn in der Höhe! Lobet ihn, Sonne und Mond, lobet ihn, alle leuchtenden Sterne!* Damit schließt er den Bogen vom astronomischen Himmelsgeschehen zu dem Ehrenplatz Gottes in diesem Universum, den er nicht anfechten will.

Zuerst muss er aber deutlich machen, dass er nicht über Theologie sondern über Naturphilosophie spricht. Eine klare Abgrenzung zwischen den Disziplinen wurde nämlich eifersüchtig beobachtet. Sein Eröffnungszug ist ein Zitat aus Ciceros Übersetzung von Platons *Timaios*, das er geringfügig abwandelt zu „Je schöner aber das Werk, desto überragender ist sein Schöpfer".[72] Diesen Ausspruch schreibt er zwar ausdrücklich den alten Philosophen zu, setzt ihn aber implizit gleich mit dem Verweis auf das

Buch der Weisheit (Sap. 13,3), das er im selben Zitat aufführt, wo es am Ende heißt: *Wenn sie [die Gestirne], entzückt über ihre Schönheit als Götter ansahen, dann hätten sie auch erkennen können, wie viel besser ihr Gebieter ist.*

Den Schöpfungsmythos beginnt Reyher mit Verweis auf Ovids Metamorphosen, die in Prosa so klingen:

> Bevor es Meer und Länder gab, und den alles bedeckenden Himmel, war das ganze Antlitz des Erdkreises eines, das Chaos genannt wird, eine rohe und ungeordnete Masse. Und es gab nichts außer träger Materie, dorthin zusammengekehrte Saatkörner von durch Uneinigkeit nicht wohl verbundenen Dingen.

Diesen klassischen Mythos der Weltentstehung verbindet er gleich mit einer Vielzahl von Bibelzitaten, die die Vorstellung römischer Philosophen mit der alttestamentarischen Schöpfungsgeschichte in Einklang bringen sollen. Er bekennt sich zur Allmacht Gottes und beruft sich auf die „feststehende Lehrmeinung der Theologen",[73] dass man aus der Betrachtung dieser sichtbaren Welt der Himmelskörper einen großen Teil göttlicher Merkmale erkennen kann. Hieraus leitet er seine Motivation ab, eine Beschreibung des Universums zu präsentieren. Er betont aber zugleich, dass er eine „ausgewogene Betrachtung" anstrebt.[74] Den immer noch schwelenden theologischen Konflikt um den Kopernikanismus will er also nicht explizit thematisieren.

Einen kleinen Seitenhieb auf den Cartesianismus gibt er, indem er erklärt, nicht streng auf der mathematischen Methodik bestehen zu wollen, die es erfordert, aus gegebenen Prinzipien (Definitionen, Postulate und Axiome) gültige Behauptungen aufzustellen, die dann durch wissenschaftliches Argumentieren bewiesen werden. Vielmehr will er „im Rahmen einer wissenschaftlichen Erörterung die feinsinnigsten Strukturen dieses Universums und deren von den Pythagoräern besungenen lieblichen Harmonien in einigen Aspekten betrachten und in abgeschlossenen Kapiteln darstellen". Bei den Überschriften zu den Kapiteln fällt dann aber schon auf, dass er das ptolemäische Weltbild als „hypothesis" benennt, hingegen das kopernikanische und tychonische aber als „systema". Ist das bereits eine kleine Rache für die Demütigung Galileis, der den Kopernikus nur als Hypothese lehren durfte?

Vor einer tieferen Betrachtung der Argumentation in *De Mundo* ist es erhellend, einen Blick auf die dort angeführten Zitate der Erstausgabe von 1666 zu werfen. Es fällt schon auf, dass er dort Descartes' *Principia Philosophiae* anführt, der ja so scharf von Voetius angegriffen worden ist. Auch der erklärte Kopernikaner Ismaël Bullialdus findet sich dort mehrfach. Natürlich zitiert er Gassendi als anerkannte Autorität der neueren Astronomie. Bei einem Verweis auf den niederländischen Astronomen Johan Philip van Lansberge kommt dem Fachmann sofort die Verteidigungsschrift dessen Sohnes Jacob in Erinnerung, mit der jener 1633, d.h. unmittelbar nach Galileis Prozess, an der Universität Leiden für das kopernikanische Weltbild eintritt, das sein Vater mit seinen astronomischen Beobachtungen untermauert hatte. Reyher entschärft aber diese Verweise dadurch, dass die zitierten Stellen eher die Übereinstimmung mit der biblischen Lehre belegen sollen. Insgesamt entsteht aber bereits aus diesen Formalia der Eindruck, dass sich Reyher in der Sache zu den kopernikanischen Vorstellungen hingezogen fühlt.

Dem von den Päpsten propagierten Weltbild des Ptolemäus widmet Reyher nur ein kurzes Kapitel. Er lässt daran kein gutes Haar. Bevor er zur Beschreibung dieses Planetenmodells übergeht, stellt er recht provokant fest, dass bereits im vorherigen Jahrhundert die Unzulänglichkeit (*difficultas*) und Absurdität (*absurditas*) dieser Hypothese teils durch Kopernikus, teils durch Tycho Brahe erwiesen wurde und diejenigen, die „in dieser vornehmen

Wissenschaft etwas besser verstehen wollten als der gemeine Mann", sich davon zu distanzieren begannen.

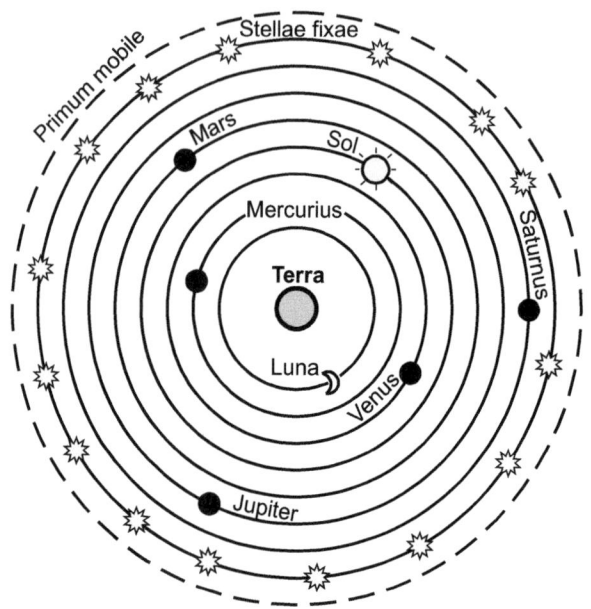

Abbildung 2 Das geozentrische Weltbild des Ptolemäus.

Die eigentliche Beschreibung des ptolemäischen Systems hält er recht knapp. Der ersten Auflage von *De Mundo* ist nicht einmal eine Abbildung beigefügt. Eine solche findet sich erst in der erweiterten zweiten Auflage von 1674 (vgl. Abb. 2). In die Mitte stellt Claudius Ptolemäus die Erde, darum kreist der Mond. Die folgenden Sphären besetzen Merkur und Venus. Es folgen die Sonne und dann die äußeren Planeten Mars, Jupiter und Saturn auf ihren geschachtelten Sphären. Umgeben wird das Ganze von der Sphäre der Fixsterne, die ihrerseits von außen vom *Primum Mobile* angetrieben wird. Das diese Welt umgebende *Empyreum*, das als Wohnstatt Gottes galt und in anderen zeitgenössischen Darstellungen eingefügt ist, erwähnt er hier mit keinem Wort, da er ja nur wissenschaftlich argumentieren will und keinen Streit mit der Theologie sucht.

Dem ptolemäischen Modell hält er zugute, dass die Anordnung der Sphären insofern logisch ist, als hiermit die Bedeckung eines äußeren Planeten durch einen inneren erklärt werden kann. Die Fixsterne müssen ganz außen zu finden sein, weil diese von Planeten abgeschattet werden können, aber niemals umgekehrt.

Damit ist das Lob aber beendet. Die Kreisbahn ist nach Aristoteles wegen ihrer Vollkommenheit die einzig denkbare für himmlische Körper. Dann müssten aber alle Planeten von der Erde aus gesehen stets dieselbe scheinbare Größe besitzen. Die Beobachtung zeigt aber, so argumentiert Reyher, dass Planeten der Erde im Laufe der Zeit näher oder ferner sein können, wodurch sie größer oder kleiner erscheinen. Das kann nur dadurch geheilt werden, dass das Zentrum der Kreisbahn sich nicht mehr im Erdmittelpunkt befindet und die Bahnen somit exzentrisch werden.

Nicht genug damit. Die äußeren Planeten scheinen zu gewissen Zeiten stillzustehen oder sich sogar auf ihrer Bahn am Himmel rückwärts zu bewegen. Das zwingt die Anhänger dieses Modells dazu, zusätzliche Epizyklen zu postulieren, die diese Schleifenbahnen erzeugen. Reyher beschließt diesen Befund mit der abfälligen Bemerkung über die Erweiterer des ptolemäischen Bildes: „Es mag ja sein, dass sie sich an Geistreichtum übertroffen haben, jedoch, wie es jedem deutlich wird, unter vielfachen Schwierigkeiten."[75]

Dann listet er offensichtliche Ungereimtheiten und Widersprüche im ptolemäischen System auf, von denen hier einige in kompakter Form aufgeführt sind:

1. Wie kann es sein, dass Merkur und Venus, die ja innerhalb der Sonnensphäre angeordnet sind, mal vor und mal hinter der Sonne erscheinen?

2. Warum bewegen sich Merkur und Venus etwa gleich schnell mit der Sonne?

3. Wenn es richtig ist, dass die inneren Planeten schneller umlaufen als die äußeren, wie ist es dann möglich, dass die Fixsterne bereits an einem Tag die Erde umlaufen, obwohl sie doch auf der äußersten Sphäre angesiedelt sind?

4. Wie kann man sich vorstellen, dass bei der bekannten Entfernung zwischen Erde und Sonne, sich die Geschwindigkeit der Fixsternsphäre auf mehr als 438 000 deutsche Meilen pro Sekunde belaufen müsste? etc.

Reyher beschließt seine Ausführungen zum ptolemäischen System mit dem Hinweis, dass man die Existenz kristalliner Sphären grundsätzlich infrage stellen müsse, wenn man die Phasen der Venus, die Bewegung der Jupitermonde um ihren Planeten oder die Kometenbahn durch das Planetensystem erklären wolle. Für Reyher steht dieses alte Modell somit außerhalb jeglicher wissenschaftlichen Diskussion.

Dem kopernikanischen, heliozentrischen Weltbild widmet Reyher dagegen gleich drei gesonderte Abschnitte. Im ersten stellt er die Planetenanordnung vor, im zweiten führt er die astronomischen Details sorgfältig auf, die dieses Weltbild stützen. Im dritten geht er auf die Einwände der Gegner des kopernikanischen Systems ein, denen er aber sofort detaillierte Entgegnungen der Kopernikaner gegenüberstellt. Allein dieser Umfang der Argumente pro Kopernikus lässt seine eigene bevorzugte Weltsicht erkennbar werden.

Den Einstieg in die Diskussion über das kopernikanische System gestaltet Reyher sehr geschickt, indem er zunächst klarstellt, dass Kopernikus nicht behauptet, dieses System erfunden zu haben, sondern, nachdem es „fast eine Ewigkeit begraben"[76] gewesen war, wiederentdeckt habe. Die ursprünglichen Erfinder seien die alten pythagoräischen Philosophen Philolaus und Aristarch von Samos, Platon, Saleucus und andere mehr gewesen. Diesen Abschnitt überschreibt er deshalb als „Pythagoräisches System". Das macht Kopernikus und jetzt Reyher wenig angreifbar.

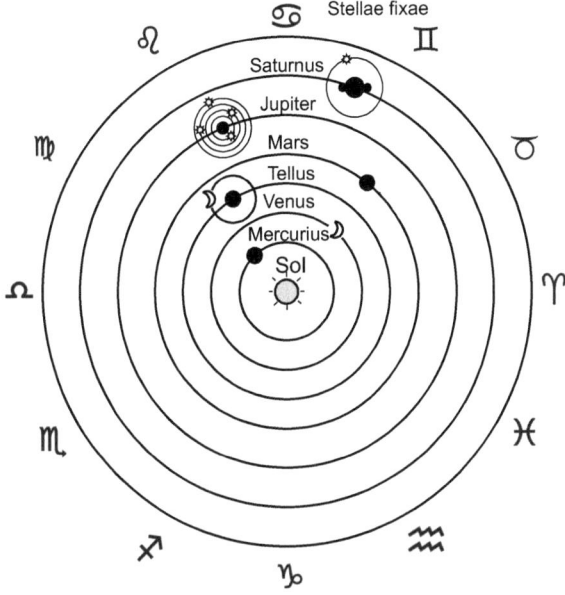

Abbildung 3 Das heliozentrische Weltbild der Pytharoräer mit Ergänzung der Venussichel, Jupitermonde und Saturnbegleiter, die Reyher hinzugefügt hat.

Dann heißt es über die Pythagoräer (Abb. 3):

Diese stellen die Sonne in die Mitte der Planeten. Der Sonne am nächsten ist die Sphäre des Merkur, dann die der Venus. In der dritten Sphäre, so ihre Lehrmeinung, wird die Erde auf ihrer Bahn geführt. Oberhalb der Erde ist

der Mars, danach der Jupiter und als letzter
Planet der Saturn. Dann folgt ein von Sternen
leerer Raum, hinter dem die Fixsterne angesiedelt sind.

Reyher fügt dann hinzu, dass Galilei dieses Bild im Jahr
1610 um die vier Mediceischen Monde erweitert hat, die
den Jupiter umkreisen. Vor erst einem Jahrzehnt habe
der Niederländer Huygens „ein Anhängsel des Saturn" erkannt. In Bezug auf die Umlaufzeiten der Himmelskörper
im ptolemäischen System sagt Reyher über Kopernikus:
„Einen solchen Mangel an Harmonie zu ertragen, weil er
nicht in die Natur passe, hat er äußerst gering geschätzt,
zumal es eine bessere Theorie gäbe, die unausweichlich
ist." Damit verbindet er den Schöpfer dieses Weltbildes,
Kopernikus, mit der Sphärenharmonie, die sein wissenschaftlicher Erbe, Johannes Kepler, in seinen Gesetzen für
den Umlauf der Planeten gefunden und in seiner Schrift
Harmonices Mundi von 1619 im Vergleich zur Geometrie
und Musik dargelegt hat.

Im Folgekapitel gibt er zunächst ein Argument, warum
die Erde sich überhaupt bewegen solle. Da ist zunächst
die Ähnlichkeit mit den Planeten, die sich ja bewegen. Sie
sind undurchsichtige feste Körper und werfen das Licht
der Sonne zurück. Dass träfe auch auf die Erde zu. Letzteres sähe man daran, dass der unbeleuchtete Teil des si-
chelförmigen Mondes nicht vollständig dunkel ist, sondern
offenbar vom Erdschein beleuchtet wird. Die Sonne ist dagegen von ganz anderer Natur: flüssig und aus reinem Feuer. Das sei Grund genug, die Rolle von Erde und Sonne
zu tauschen und somit der Sonne einen Sonderplatz im
Zentrum zuzuweisen.

Ferner erläutert er im Detail, dass die Erde vier Aspekte der Bewegung ausführt: eine tägliche Rotation um ihre
eigene Achse, einen jährlichen Bahnumlauf um die Sonne, eine Schiefstellung der Erdachse, die die Jahreszeiten
bewirkt, und eine langsame Veränderung der Stellung der

Erdachse, durch die der Frühlingspunkt verschoben wird. Es ist Reyher einerseits bewusst, dass die gleichzeitige Drehung um die Achse und die Bahnbewegung für einen Laien schwer vorstellbar ist. Daher bemüht er die Analogie zu einer Kugel, die auf einer Ebene rollt. Andererseits erscheint es ihm wichtig, die Bedeutung des sich verschiebenden Frühlingspunktes und der astronomischen Tag-Nachtgleiche für die Berechnung des Osterdatums herauszustellen. Damit macht er das kopernikanische Modell für die Kirche unausweichlich, die präzise Kalender für die Festlegung des Osterdatums benötigt.

Interessant ist die von Kopernikus verwendete Logik, die nicht nur auf der Ästhetik der Sphärenharmonie beruht. Kopernikus benutzt das von Wilhelm von Ockham eingeführte Sparsamkeitsprinzip („Occam's razor") für die Formulierung wissenschaftlicher Theorien. Er geht dabei aber bis auf Aristoteles zurück, der der Natur ein innewohnendes Prinzip des ökonomischen Handelns zuschrieb:

1. Eher drehe sich die Erde um ihre Achse als der ganze Himmel, von dem man gar nicht wisse, ob er kugelförmig sei oder sich überhaupt bewegen könne.[77]

2. Die Natur bewirke nichts durch Viele, was sie bequem durch Einzelne verrichten kann.

3. Den Planeten eine einfache Kreisbewegung zu verleihen sei angemessener, als eine zweifache und obendrein gegenläufige.

Solche Prinzipien eines minimalen Aufwandes haben erst spätere Physiker wie Fermat, Maupertuis oder Lagrange erkannt und mathematisch begründet. Ockham lehnte allerdings aus theologischen Gründen ein solches Handeln der Natur ab, weil es die Allmacht Gottes einschränken würde. Kopernikus hat dieses Prinzip für sich wiederentdeckt und es als im Einklang mit seinem Weltbild erkannt.

Reyher erläutert dann im Detail, wie aus dem kopernikanischen Weltbild die scheinbaren Schleifenbahnen der Planeten vor dem Hintergrund der Fixsterne erklärt werden können. Es ist zu bezweifeln, dass die Zuhörer ihm hier folgen konnten, da er auch für den Leser der Dissertation dazu keine Skizze angefertigt hat. Außerdem steht diese kapriziöse Detailargumentation in herbem Gegensatz zu dem Holzhammerargument, dass er bei der Plausibilität der Erddrehung verwendet hat: „dass jemand, der mitten auf einem Platz steht und sich die umgebenden Gebäude ansehen will, sich eher mit minimalem Aufwand herumbewege, als dass, wenn er stehenbliebe, die Gebäude sich der Reihe nach um ihn herumbewegen würden, um in sein Gesichtsfeld zu gelangen."

Die Einwände der Gegner des Kopernikus sind sowohl astronomischer als auch theologischer Art. In diesem dritten Abschnitt stechen zunächst zwei neue Aspekte heraus, nämlich die nicht beobachtbare Parallaxe der Fixsterne und die Schwerkraft.

Wenn man ein nahes Objekt vor einem fernen Hintergrund beobachtet, so scheint sich dessen Position vor dem Hintergrund zu verschieben, wenn der Standort des Beobachters geändert wird. Wenn man also einen Stern von den Extrempunkten der Erdbahn aus beobachtet, die senkrecht zur Beobachtungsrichtung liegen, müsste eine solche Verschiebung feststellbar sein. Kopernikus war daher gezwungen, die mit den Mitteln der damaligen Zeit noch nicht beobachtbare Parallaxe der nahen Fixsterne dadurch zu erklären, dass der Abstand vom Saturn, als dem äußersten Planeten, zu den Fixsternen immens groß sein müsse, so dass von denen aus betrachtet der Erdbahndurchmesser fast zu einem Punkt schrumpft. Dann sind die Beobachtungsrichtungen an den Extrempunkten der Erdbahn praktisch parallel und es tritt keine Verschiebung auf: Der Parallaxenwinkel ist Null.

Theologisch begab sich Kopernikus da aber auf heikles

Terrain, da Attribute wie Unendlichkeit nur Gott zustanden und „immens" doch schon sehr nach dem unendlich ausgedehnten Weltall klingt, das Giordano Bruno später verfochten hat, der für diese Ketzerei auf dem Scheiterhaufen endete. Reyher führt dieses Argument hier ohne theologischen Kommentar an und lässt es so als Ansicht der Kopernikaner im Raume stehen.

Für einen Platz der Erde im Zentrum der Welt spricht die Erfahrung, dass alle fallenden Gegenstände zum Erdmittelpunkt streben. Nach Aristoteles haben die Dinge ein inneres Bestreben, ein bestimmtes Ziel zu erlangen. Die Kopernikaner kommen aber zu einer anderen, moderneren Vorstellung, nämlich dass zwei Körper eine Kraft aufeinander ausüben können, so wie ein Magnet Eisenspäne anzieht. Diese Schwerkraft würde die Erde somit auch ausüben, wenn sie nicht im Weltzentrum stände. Außerdem würde das auch für alle anderen Planeten gelten, deren Teile wie bei der Erde durch die Schwerkraft zusammengehalten werden. Man sieht, wie hier um den Begriff der Kraft gerungen wird, der erst zwanzig Jahre später durch Newton eine präzise mathematische Gestalt erhalten sollte.

Auf den Einwand der Antikopernikaner, man könne die Erde ob ihrer Unreinheit nicht unter die himmlischen Körper einreihen, argumentiert Reyher, dass die Erde den Planeten ja so ähnlich sei. Man könne daher nicht ausschließen, dass es auf anderen Planeten menschenähnliche Lebewesen gäbe wie auf der Erde. Ein Mensch, der vom Mond auf die Erde herabblicke, würde sich ein ähnliches Urteil über die Erde bilden, „wie der Mann auf der Straße vom Mond".

Reyher führt für die Ähnlichkeit zwischen Mond und Erde weiterhin die Beobachtungen an, die der Tübinger Astronom Moestlinus am Palmsonntag 1605 während einer totalen Mondfinsternis gemacht hat. Diese Mondfinsternis war besonders auffällig, da es zu der Erscheinung eines sogenannten Blutmondes kam, bei der die abgeschattete Mondscheibe durch Streuung des Sonnenlichts in der Erdatmosphäre in rötliches Licht getaucht ist. Moestlinus schreibt, der Mond leuchte wie glühendes Eisen. Darinnen erkenne er aber dunklere Flächen, die wie Regenwolken große Flächen abdecken und eine Erscheinung geben, als ob man von einem Berge auf die dunklen Wolken im Tal herabschaue.

Die Antikopernikaner haben allerdings immer noch ein Argument parat, das seit Galileis Schnellschuss zur Erklärung der Gezeiten aus der Erdbewegung schwelt. Zu Recht führen diese an, dass die Beobachtungen zu den vorherrschenden Windrichtungen im Indischen und Atlantischen Ozean nicht zu den einfachen Vorstellungen passen würden, die aus der Erddrehung folgen, oder dass Ebbe und Flut in der Adria so komplex abliefen. Dagegen kann Reyher auch nur recht vage Hypothesen ins Feld führen. Diese gesamte Problematik sollte noch die folgenden Jahrhunderte beschäftigen.

Ist Reyher somit ein Kopernikaner? Dass Reyher Sympathien für die Kopernikaner hegt, erkennt man bereits daran, dass er deren Verfechter, wie den Danziger Astronomen Johannes Hevelius, mit höchstem Lob als Mondforscher hervorhebt. In der 1. Auflage von *De Mundo* hält er sich mit einem offenen Bekenntnis zum Kopernikanismus noch zurück. In der 2. Auflage[78] von 1674 hat er ein erweitertes Diskussionskapitel angefügt. Dort argumentiert er, dass viele, die der „päpstlichen Religion verhaftet sind"[79] sich infolge der Weisung von 1616 und des Urteils gegen Galilei von der kopernikanischen Lehre ferngehalten haben und sich neue Modelle mit einer unbewegten Erde ausgedacht haben. Er hebt dann aber hervor, dass sogar die „Untergebenen der Römischen Kirche"[80] wie Kepler, Descartes, Gassendi, Bullialdus etc. das kopernikanische Weltbild verteidigten.

Pierre Gassendi sah sich einerseits unverbrüchlich der

Heiligen Schrift und der katholischen Lehre verpflichtet, andererseits lehnte er aber das Doktrinäre ab. Er schrieb Galilei ermutigende Briefe, als dieser von der Kurie angegriffen wurde, und später während dessen Hausarrests. Den radikalen philosophischen Ansatz von Descartes, zunächst an allem zu zweifeln, der zu seiner Grunderkenntnis *Cogito, ergo sum* führt, und auf dem er seinen Beweis der Existenz Gottes aufbaut, lehnte er ab. Gassendi war ein Verfechter sorgfältiger empirischer Beobachtungen, so wie sie Kepler als Maxime forderte. Er maß die Änderung des scheinbaren Durchmessers des Mondes mit Hilfe einer Camera Obscura. Außergewöhnliche Himmelsereignisse, wie das Auftreten von Nordlichtern in den südlichen Breiten Frankreichs im Jahre 1621, Mondfinsternisse oder Erscheinungen von Nebensonnen beschrieb er im Detail. Sein größter Triumph war die Beobachtung des Merkurtransits vor der Sonne im Jahre 1631, den Kepler zwei Jahre zuvor berechnet hatte.

Spektakulär war das von Gassendi veranlasste Experiment mit fallenden Steinen, das er 1640 im Hafen von Marseille vor Publikum hat durchführen lassen. Galilei hatte mit Hilfe seines Prinzips der Relativbewegung angeführt, dass auch auf einer sich drehenden Erde ein vom Mast eines fahrendes Schiffes herabfallender Stein direkt am Fuße des Mastes aufschlagen würde. Seine Gegner behaupteten dagegen, dass das Schiff in der Zeit, während der Stein fällt, sich vorwärtsbewegt und daher der Stein achtern hinter dem Mast aufschlagen würde. Gassendi ließ dazu nun ein spektakuläres Experiment im Hafen von Marseille vor großem Publikum durchführen. Dazu wählte er als Schiff eine Kriegsgaleere mit drei Reihen von Ruderern, die eine hohe Geschwindigkeit erreichen konnte und über einen Mast verfügte. Außerdem konnte damit der Versuch ohne störenden Wind und bei ruhigem Wasser durchgeführt werden. Egal, ob der Stein einfach vom Mast fallen gelassen wurde oder sogar senkrecht in die Höhe geworfen wurde, er schlug am Mastfuß auf. Ein ebenso spektakulärer wie überzeugender Beweis für Galileis Argument!

Das Planetensystem von Tycho Brahe (Abb. 4) wird in *De Mundo* nur kurz gestreift. Dort ruht die Erde im Zentrum der Fixsternsphäre und wird von Sonne und Mond umkreist. Die übrigen Planeten haben dagegen die Sonne als Bahnzentrum.

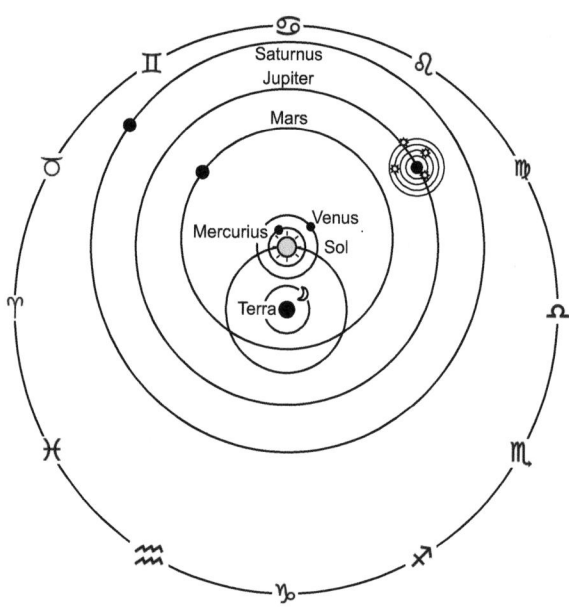

Abbildung 4 Das geozentrische Weltbild Tycho Brahes.

Der Jesuit Giovanni Riccioli, Verfasser des astronomisches Mammutwerkes *Almagestum Novum* von mehr als
2000 Folio-Seiten Umfang, dessen erster Band 1651 erschienen ist, favorisierte ein an das tychonische Modell
angelehntes Weltbild, bei dem allerdings die Planeten Jupiter und Saturn die Erde umkreisen sollten. Diese Anordnung erlaubte es, die Fixsternsphäre wieder näher an die
äußeren Planeten heranzurücken, ohne dass es zu Konflik-
ten einer exzentrischen Bahn des Saturn mit der Fixsternsphäre kommt. Da die Erde im Zentrum der Welt steht,
gibt es in diesem Modell keine Fixsternparallaxe, was die
Beobachtungen zu bestätigen scheinen.

Zu diesem endlich großen Planetensystem kam Riccioli durch sorgfältige Messungen der scheinbaren Größe der
Fixsterne, die er in seinem Teleskop durch Vergleich mit
dem Durchmesser von Jupiter und Saturn erhielt.[81] Der
Durchmesser eines Stern ergibt sich als das Produkt aus
Winkeldurchmesser und Entfernung des Sterns. Für Sirius, einen Stern erster Größe, fand Riccioli 18 Bogensekun-
den Durchmesser und als Distanz verwendete er 210 000
Erdradien, woraus ca. 18 Erdradien für den Durchmesser
des Sirius folgen. Die tatsächliche Entfernung des Sirius
beträgt allerdings 8,6 Lichtjahre, sein Durchmesser ist das
1,7-fache des Sonnendurchmessers. Kepler hatte dagegen
die Distanz zum Sirius mit 60 Millionen Erdradien angegeben – das sind 40 Lichtjahre –, wodurch der Sterndurch-
messer auf 5200 Erdradien anstiege. Zum Vergleich findet
man bei Riccioli die Entfernung Erde–Sonne als 7600 Erdradien im Apogäum (7000 im Perigäum). Für den Son-
nendurchmesser hat er ca. 33 Erdradien angegeben. Die
aktuellen Werte sind 23 500 Erdradien für den mittleren
Bahnradius der Erde und 218 Erdradien für den Sonnen-
durchmesser. Somit ist seine Vorstellung von der Größe
der Sterne insofern stimmig, als diese mit der Größe un-
serer Sonne vergleichbar werden. Dagegen erscheinen die
aus Keplers Entfernungsangaben resultierenden Größen

als Sternenmonster.

Das Rätsel um die scheinbaren Sterngrößen im Teleskop hat sich erst im 19. Jahrhundert gelöst, als der englische Physiker George Biddell Airy die Beugung an Kreisblenden mathematisch beschreiben konnte. Diese Beugungseffekte werden durch die Größe der Öffnung des Fernrohrobjektivs erzeugt und beschränken die räumliche Auflösung des Fernrohres. Die von Riccioli und Zeitgenossen angegebenen Winkeldurchmesser der Fixsterne waren demnach leider nur instrumentelle Artefakte. Im Rahmen des damaligen Verständnisses, dass man mit dem Fernrohr verlässliche Größen der Planeten bestimmen könne, war seine Argumentation jedoch wissenschaftlich folgerichtig. Es waren demnach auch primär keine theologischen Argumente, aus denen Riccioli das kopernikanische System ablehnte. Sein endlich großes Universum ließ aber genügend Raum für das Empyreum.

In der Erstauflage von *De Mundo* hat Reyher den Almagest nicht erwähnt, woraus man schließen kann, dass er mit diesem neuen Standardwerk noch nicht vertraut war. Während seiner Studien in Leiden war Ricciolis Almagest gerade erst sechs Jahre zuvor erschienen und somit noch brandneu. Falls er Zugang zu diesem Buch gehabt haben sollte, war der schiere Umfang des Werks für einen Studenten überwältigend. Erst in der erweiterten Auflage von 1674 von *De Mundo* finden sich einige wenige Zitate auf Ricciolis Almagest. Jedoch klammert er das Problem der experimentell bestimmten Sterngrößen aus seiner Diskussion aus und erwähnt Ricciolis Variante des tychonischen Modells nur am Rande.

Reyher geht stattdessen in knappen Worten darauf ein, dass die Frage im Raume stehe, ob die Fixsterne, weil sie unterschiedlich hell erscheinen, von unterschiedlicher Größe sind und sich in derselben Sphäre befinden, oder ob sie alle gleich groß sind und in unterschiedlicher Entfernung im Raum angeordnet sind. Letzteres würde wieder die theologische Frage aufwerfen, wo dann noch Platz für Gott in diesem Universum bliebe, und Reyher bezieht hier nicht Stellung.

Jetzt, am Anfang seiner wissenschaftlichen Karriere, hat sich Reyher die Sicht der Kopernikaner zu eigen gemacht: „Zweck der heiligen Schrift sei, Menschen den Weg zum ewigen Heil zu zeigen und nicht in wissenschaftlichen Angelegenheiten zu belehren." Damit hält er Glauben und Naturwissenschaft säuberlich getrennt. Bereits in dieser, seiner ersten Disputation in Kiel, hat Reyher sich als ein dem neuen Weltbild gegenüber aufgeschlossener Wissenschaftler präsentiert. Acht Jahre später ist es ihm ein Anliegen, mit der zweiten, erweiterten Auflage von *De Mundo* die Argumente für das kopernikanische System noch klarer herauszuarbeiten und sich dazu zu bekennen. Mit Reyhers moderner Astronomie war die Lehre an der Universität Kiel in der Neuzeit angekommen.

Rechenstäbchen und Astronomie

Für Samuel Reyhers eigene astronomische Experimente sollte die Begegnung mit dem Privatgelehrten Henrik von Qualen ausschlaggebend werden, einem Mathematiker und beobachtenden Astronom. Dieser war Erbherr auf den Gütern Klein-Nordsee und Bossee gewesen, die am Westensee gelegen sind. Seine Familie zählt zum holsteinischen Uradel. Laut der Familienchronik[82] war er aber mit seinen Gütern 1639 in Konkurs gegangen. Drei Jahre darauf findet sich sein Name als Aufsichtsführender über die astronomischen Instrumente im Runden Turm zu Kopenhagen, der gerade als Observatorium der Universität fertiggestellt worden war. Anscheinend hat Henrik von Qualen sich auch als Astrologe betätigt. Das war trotz aller Fortschritte der Astronomie immer noch ein einträgliches Metier. Geburtshoroskope waren stets gefragt.

Henrik von Qualen wohnte in einem der Stadthäuser in der Küterstraße, die den Pogwischs gehörten. Seine Frau Ida war eine geborene Pogwisch und verwitwete Rantzau. Mit seinen beiden Söhnen hatte er bereits der feierlichen Eröffnung der Universität beigewohnt. In dieser Zeit oder später beim Kieler Umschlag muss sich wohl der erste Kontakt zu Samuel Reyher ergeben haben. Spätestens nach Reyhers Disputation *De Mundo* hatten die beiden ein gemeinsames Interesse gefunden, und es entwickelte sich ein lebhafter Dialog über die Astronomie.

Bei einer dieser Zusammenkünfte lernte Samuel Reyher dann die neuartigen Rechenhilfsmittel kennen, die Henrik von Qualen erfunden hatte: seine *bacilli sexagenales*, das waren Rechenstäbchen für das Rechnen im Sechzigersystem. Astronomen hatten stets das Problem, Winkel oder Zeiten, bei denen die Bruchteile in Minuten und Sekunden angegeben werden, zu addieren, zu subtrahieren oder zu multiplizieren. Für diesen Zweck hatte er eine Idee weiterentwickelt, die der Engländer John Napier, der Vater der Logarithmen, bereits 1617 für das Rechnen mit Dezimalzahlen vorgestellt hatte.

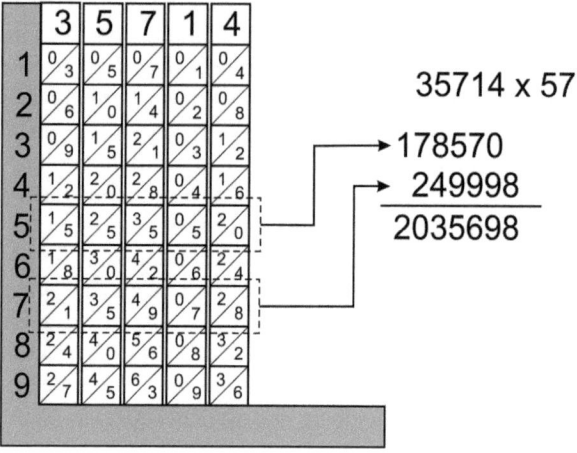

Abbildung 5 Multiplikation mit den Napierschen Rechenstäbchen. Der erste Faktor wird durch Auflegen der Stäbchen in den Winkel des Rechenbretts dargestellt. Der zweite Faktor wird ziffernweise (hier für die Ziffern 5 und 7) ausgewertet. Die Multiplikation reduziert sich damit auf simples Addieren.

Auf den Napierschen Rechenstäbchen (Abb. 5) sind die Vielfachen der Ziffern 1 bis 9 so aufgetragen, dass man die sich dabei ergebenden Zehnerstellen leicht durch Schrägaddition entlang der Diagonalen aufsummieren kann. Mit einem Satz von Stäbchen kann man so leicht vielstellige Multiplikationen vornehmen, bei denen man das fehlerträchtige kleine Einmaleins nicht mehr im Kopf haben musste, sondern nur noch kleine Zahlen und die dabei auftretende Übertrags-Eins aufzuaddieren hatte.

Nach diesem Prinzip hatte von Qualen nun Stäbchen entworfen, auf denen die Vielfachen im Sechzigersystem mit ihren Überläufen von Sekunden in Minuten etc. notiert waren (Abb. 6). Die Stäbchen hatten 30 Positionen mit den Vielfachen einer Sekundenangabe von 1 bis 30 bzw. von 31 bis 60. Der Überlauf in Minuten befindet sich oberhalb des Diagonalstriches, ähnlich der nächsthöheren Dezimalstelle bei den Napierschen Rechenstäbchen. Zusätzlich gab es je ein Stäbchen mit den Zahlen (1–30, 31–60), das man am linken Rand als Ablesehilfe für den gerade zu benutzenden Faktor verwendete. Ferner gebrauchte man ein Stäbchen mit lauter Nullen, falls eine Null innerhalb einer mehrstelligen Zahl auftrat. Damit konnte man nun im Sechzigersystem ebenso zügig rechnen wie im Dezimalsystem. Samuel Reyher war davon so fasziniert, dass er sich diese Rechenstäbchen gleich für zwei Tage ausgeliehen und damit eigene Erfahrungen gesammelt hat. Offenbar hatte von Qualen zu dem jungen Professor so viel Vertrauen gewonnen, dass er ihm diese mit vieler Mühe hergestellten Einzelstücke zu treuen Händen überlassen konnte.

Hier hatten sich zwei Seelenverwandte getroffen. Henrik von Qualen hätte mit seinen nunmehr 72 Jahren der Vater von Samuel Reyher sein können. Mag sein, dass er in Reyher so etwas wie einen wissenschaftlichen Nachkommen sah. Mit seinen feinen astronomischen Instrumenten konnte er dem in der praktischen Astronomie noch unerfahrenen Samuel Reyher alle Methoden der Beobachtung von Sonne, Mond, Planeten und Sternen mit Fernrohren beibringen. Auch den Gebrauch des Astrolabiums und des Torquetums hat er ihm erklärt. Samuel Reyher war ein gelehriger Schüler, der binnen des einen Jahres,

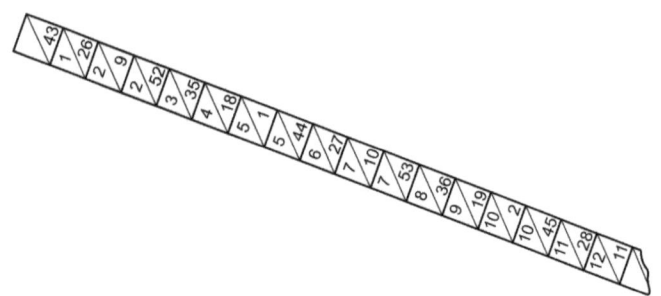

Abbildung 6 Sexagenal-Stäbchen für die Vielfachen von 43 Sekunden mit den Überträgen in Minuten.

das dem Henrik von Qualen noch als Lebenszeit vergönnt
war, alles Wissenswerte begierig erlernte und alle Hand-
griffe einübte.

Vermutlich hat dieses vertraute Lehrer-Schüler Verhältnis Henrik von Qualen bewogen, seine astronomischen Instrumente der Universität zu überlassen. Das muss bereits
im Frühjahr 1667 gewesen sein, da Samuel Reyher im Vorlesungsverzeichnis für das Sommersemester angekündigt
hatte, in Ergänzung zu seiner astronomischen Vorlesung
in klaren Nächten Beobachtungen des Sternenhimmels mit
dem Fernrohr vorzuführen. Da die Vorlesung öffentlich
war, durfte jeder Student auch einmal selbst durch das
Fernrohr blicken.

Zu den Instrumenten gehörten ein aus Holz gefertigtes
Quadratum von vier rheinischen Fuß (ca. 1,18 m) Kan-
tenlänge mit Messingskalen in Tausenderteilung zur Mes-
sung von Erhebungswinkeln. Ferner ein Torquetum nach
Petrus Apian, eine Armillarsphäre nach Tycho Brahe, ein
Astrolabium aus Bronze, Fernrohre, sowie je ein Erd- und
Himmelsglobus von mehr als eineinhalb rheinischen Fuß
(ca. 50 cm) Durchmesser.

Die Konstruktion eines Quadratums ist aus der Schrift
des Astronomen Georg von Peuerbach bekannt.[83] Es han-

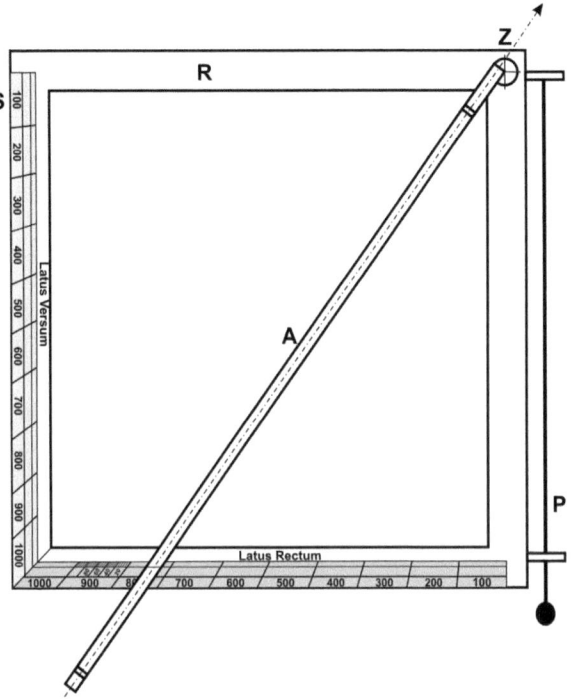

Abbildung 7 Rekonstruktion des von Reyher benutzten Quadratums von 1,25 m Kantenlänge mit aufgelegten Messingskalen.

delt sich dabei um einen Präzisionswinkelmesser für astronomische Ortsbestimmungen, der aber auch zur Höhenmessungen von Türmen etc. durch Triangulation eingesetzt werden kann. Die Funktionsweise wird aus Abb. 7 ersichtlich, die eine Anpassung an die Tausenderteilung des Kieler Quadratums zeigt. Auf einem stabilen Holzrahmen R ist ein schwenkbarer Arm A angebracht, dessen Unterkante sich um das Zentrum Z drehen kann. Mittels eines Pendels P, dessen Faden durch ein Loch geführt ist und das die Ränder des Loches nicht berühren darf, wird das Quadratum auf einem Podest in die Waage gebracht. Auf dem Arm sind zwei Blenden mit kleinen Löchern angebracht, die als Peilvorrichtung (*Alhidade*) dienen. Die Winkelstellung des Arms wird auf den gravierten Messingskalen S abgelesen. Die Innenkante der Skalen ist linear von 0 bis 1000 in Zweierschritten geteilt, wobei der Nullpunkt beider Skalen genau senkrecht unter, bzw. waagerecht neben dem Drehzentrum liegt. Die Zwischenschritte der Skalenteilung wurden geschätzt. Damit war dies ein Winkelmesser, dessen Ablesegenauigkeit mehr als zwanzigmal besser war als eine Winkelskala in Gradschritten.

Auf der unteren Skala (*latus rectum*) ergibt sich dann ein Zahlenwert, der dem Tausendfachen des Kotangens des Erhebungswinkels entspricht und Winkel von 45° bis 90° erfasst. Die linke Skala (*latus versum*) ist für Winkel von 0° bis 45° gedacht und stellt eine Tangensskala dar. Peuerbachs Schrift enthält dazu Tabellen in Einerschritten für die Umrechnung der abgelesenen Tangens- bzw. Kotangenswerte in Grad, Minuten und Sekunden des Erhebungswinkels.

Zusammen mit von Qualen hatte Reyher mit Hilfe diesen Quadratums noch am 11. und 12. Juni 1667 bei der Sommersonnwende die Sonnenhöhe gemessen und daraus den Breitengrad von Kiel zu 54° 19′ und 30″ berechnet, was haargenau dem tatsächlichen Wert für den damaligen Standort der Universität entspricht.[84]

Samuel Reyher hat zwanzig Jahre später ein Buch über die sexagenalen Rechenstäbchen in lateinischer Sprache verfasst unter dem Titel *Samuelis Reyheri Bacilli Sexagenales*,[85] das den Gebrauch und Nutzen dieses Hilfsmittels popularisiert. Der Titel beinhaltet kein Plagiat, da er in der Einleitung klarstellt, dass Henrik von Qualen der Erfinder war. Sein eigener Beitrag liegt in den Anwendungsbeispielen. Darin wird auch erklärt, wie man Summen und Differenzen von Zahlangaben in Grad, Minuten,

Sekunden leicht berechnen kann. Mit diesem Buch stattet er seinem Gönner Henrik von Qualen mit einer ausführlichen Beschreibung der gestifteten astronomischen Instrumente nochmals seinen Dank ab. Leider sind diese Instrumente nicht erhalten geblieben. Anfang des 19. Jahrhunderts verliert sich ihre Spur.

Im selben Jahr hat Samuel Reyher – getreu der Forderung seines Vaters nach Volksbildung in der Muttersprache – eine verkürzte Fassung in deutscher Sprache herausgegeben: *Kurtze Beschreibung der sechzigtheiligen Rechnung / wie selbige sehr vortheilhaftig durch sonderliche Rechenstäblein kan verrichtet werden*. Dieser Ausgabe war ein Druckbogen beigefügt, mit dem der Leser sich durch Ausschneiden der Tabellenspalten und Aufkleben auf schmale Holzleisten seine eigenen Rechenstäbchen anfertigen konnte: „Do it yourself" im Barock!

Während Reyher Napiers *Rabdologiae*, in der die Rechenstäbchen eingeführt wurden, ausführlich zitiert hat, verliert er kein Wort über das andere Großwerk *Mirifici Logarithmorum Canonis Constructio* des John Napier von 1620, in dem die Erfindung der Logarithmen zusammen mit den Verbesserungen durch Henry Briggs vorgestellt wurde. Allerdings haben die Astronomen auch lange Zeit gebraucht, bis sie die Vorteile des Rechnens mit Logarithmen erkannten, obwohl Kepler bereits 1624 in seiner Schrift *Chilias Logarithmorum ad totidem Numeros Rotundos…* dafür die Werbetrommel gerührt hatte. Der Pfarrer Johannes Werner, der durch Regiomontanus zur Beschäftigung mit Astronomie angeregt worden war, hatte bereits 1514 die sogenannte *prostaphairetische* Methode ersonnen, wie man mit einer Sinustabelle, die bekanntlich auch als Kosinustabelle benutzt werden kann, vielstellige Multiplikationen durch einfache Additionen und Subtraktionen ersetzen konnte. Das Verfahren beruht auf dem Theorem für Winkelfunktionen:

$$\sin(\alpha) \cdot \sin(\beta) = [\cos(\alpha - \beta) - \cos(\alpha + \beta)]/2 \; .$$

Die Multiplikation zweier Zahlen A und B geschieht dann wie folgt: Man zerlege sie zunächst in Potenzfaktoren a und b sowie in Sinuswerte, die zwischen Null und Eins liegen: $A = a \sin(\alpha)$ und $B = b \sin(\beta)$. Dann schlage man in der Sinustabelle die zugehörigen Winkel α und β nach und berechne $\alpha - \beta$ sowie $\alpha + \beta$. In derselben Tabelle lese man dann die Kosinuswerte ab, wobei $\cos(\phi) = \sin(90° - \phi)$ gilt. Die Differenz dieser beiden Ablesungen wird halbiert und mit den Potenzen $a \cdot b$ multipliziert.

Diese Methode wurde noch von Rheticus und Tycho Brahe benutzt. Grundsätzlich bestand also kein dringender Bedarf, für denselben Zweck eine Logarithmentafel zu benutzen. Reyher hat jedenfalls von Logarithmen keinen Gebrauch gemacht.

Gedankengebäude

Die Astronomie hatte mit den präzisen Beobachtungen von Tycho Brahe und Johan Philip van Lansberge, sowie durch Johannes Keplers sorgfältige Auswertungen die dahinter liegenden Gesetze offenbart: Das Uhrwerk der Welt, in dem sich die Planetenräder drehen, war in der Mitte des 17. Jahrhunderts berechenbar geworden. Diese erkennbare Ordnung in der Welt forderte von den Wissenschaftlern auch eine Ordnung und Systematisierung der vielen Disziplinen, die sich unter dem Dach der „Mathematik" versammelt hatten. Zu den Vordenkern solcher Strukturen gehörten in Kiel der „Botaniker" Major und der „Physiker" Reyher.

Johann Daniel Major war bei seiner Berufung nach Kiel 31 Jahre alt und damit nur ein Jahr älter als Samuel Reyher.

Sein Vater war Rektor und Schulinspektor in Breslau gewesen. Er hatte Medizin und Naturwissenschaften in Wittenberg studiert, wo er schon nach drei Jahren den Magistergrad erlangte. Danach vertiefte er seine Studien in Leipzig in den Fächern Chemie und Pharmakologie. Nach einer Lehr- und Wanderzeit in Italien und der Promotion in Padua ging er als praktischer Arzt zurück nach Wittenberg. Dort traf ihn ein erster Schicksalsschlag: Seine junge Frau, die Tochter seines Doktorvaters, starb im Kindbett und das Töchterlein kurz darauf. Wenig später wurde aus Hamburg der dringende Wunsch an ihn herangetragen, dort – gegen gute Bezahlung – Pestkranke zu behandeln, was er für ein Jahr (1663) tat. Sein Ruhm verbreitete sich schnell. Im selben Jahr wurde er zum Mitglied der kaiserlichen Akademie (Leopoldina) ernannt, und der russische Zar wollte ihn zu seinem Leibarzt machen, was er aber ablehnte.[86]

Nach Kiel wurde er als zweiter Professor der Medizin berufen, um die Fächer Theoretische Medizin und Botanik zu vertreten. Professor primarius war Caspar March für die praktische Medizin. An seiner neuen Wirkungsstätte in Kiel angekommen, heiratete er bereits am 25. September 1665 eine Tochter aus der Lübecker Familie Pincier, mit der er dann drei Söhne und drei Töchter hatte, von denen aber nur ein Sohn und zwei Töchter am Leben blieben. Majors große Verdienste liegen in der Anlage des ersten Kieler Botanischen Gartens, mit der er 1669 begonnen hatte, und später im Aufbau eines privaten Naturalienkabinetts, für das er sogar das Nebenhaus seines Wohnhauses dazu erworben hat.

In Kiel wurde Major sofort stadtbekannt. Für seine medizinischen Demonstrationen hatte er ein „anatomisches Theater" eingerichtet, so wie er es aus Padua kannte. Dort führte er in den letzten Tagen des Kieler Umschlages von 1666, als die Stadt voll mit Besuchern war, Schausektionen durch, meist an Tieren, zu denen später auch Schweinswale und Seehunde gehörten. Das gruselige Highlight war die Sektion eines enthaupteten Mörders, der am Vortag auf der Richtstätte am Kuhberg hingerichtet worden war.[87]

Im Umgang mit seinen Kollegen galt Major eher als schwieriger Mensch. Nur Samuel Reyher hatte mit seinem ausgleichenden Wesen einen Zugang zu ihm. In den ersten Jahren schienen die beiden eine enge Freundschaft entwickelt zu haben. Das mag an ähnlichen Erfahrungen in einem Lehrer-Elternhaus gelegen haben, aber auch an gemeinsamen wissenschaftlichen Interessen. Beide verband zudem der Wunsch, neben ihrer engeren Wissenschaft Volksbildung zu betreiben.

Major war dabei 1670 mit einer mehr als hundert Seiten umfassenden Schrift in deutscher Sprache vorgeprescht

unter dem Titel: *See=Fahrt nach der Neuen Welt ohne Schiff und Segel.*[88] In Form einer Utopie beschreibt
er darin die vielen Zweige der Naturwissenschaften, ihre
Aufgaben und Verbindungen. Die Schrift war wohl primär
zur Orientierung seiner Studenten gedacht, die ja vor ihrem Medizinstudium die *Artes* in der Philosophischen Fakultät absolvieren mussten. Ihrem Umfang nach war sie
aber auch ein Programm zur Ordnung des Wissenschafts-
gebäudes, in dem Kammern und Nebenräume erkennbar
werden sollen, die verwandte Fächer und ihre Unterdiszi-
plinen einordnen. Reyher mag diese Schrift zwar als ein
Eindringen in die Belange der Philosophischen Fakultät
empfunden haben, nahm das aber nicht als Anlass zum
Streit.

Schauplatz dieser Utopie ist das Land der Weltweisen
(*Cosmosophen*), eine gedachte „Neue Welt" der Vernunft,
das sich irgendwo hinter dem Orient, Asien und Ameri-
ka befindet. Es liegt auf einer Insel und wird überragt
von einem Schloss auf dem Berge, dessen höchster Turm
als Observatorium dient und von einem „Knoten" gekrönt
ist, der sich von nahem als eine Armillarsphäre erweist.
Dieses Bild ist offensichtlich an zeitgenössische Darstellungen von Tycho Brahes Observatorium *Uraniborg* ange-
lehnt (Abb. 8).

Major lässt seinen Protagonisten Dädalus wie dessen
antikes Vorbild über die Meere in diese Neue Welt fliegen.
Jedoch ist Fliegen für Major nicht unbedingt ein Fortschritt für die Menschheit. Hatte nicht schon die Erfindung des Schießpulvers den Krieg perfektioniert? Brachte
die Kunst des Buchdruckens jetzt nicht all die Schund-
literatur hervor, die das Volk verdirbt? Weist der See-
Kompass, der neue Länder zu entdecken geholfen hat,
nicht auch den Feinden den Weg zu uns? Wie würde es uns
dann ergehen, wenn der Mensch fliegen könnte: Müssten
wir nicht mit Kanonen die anfliegenden Feinde vom Himmel schießen und unsere Städte mit darüber gespannten

Abbildung 8 Tycho Brahes Observatorium Uraniborg. Ausschnitt aus einer Radierung in Blaeu's *Atlas Major*, 1663 (Wikimedia, gemeinfrei).

Gittern und Netzen schützen? Major zeigt hier zunächst seinen Pessimismus gegenüber technischem Fortschritt.

Sein Dädalus begibt sich also nur auf einen Gedankenflug, sein Treibstoff ist die Wissbegierde. Erst durch mehrere Pforten kann man in das Schloss gelangen. Bei der äußersten erfolgt die Prüfung der geistigen Gesundheit. Dann steht man vor einer Art von Triumphbogen, der drei Durchgänge bietet: den ersten für die Lateiner, Griechen und Morgenländer, durch die Mitte für Deutsche, Holländer und angrenzende Völker, den dritten für Italiener, Spanier und Franzosen. Diese Allegorie löst er gleich auf: Sprachen sind nichts als Dolmetscher unseres Verstandes und Schlüssel zu allen Dingen.

Einen Seitenhieb auf die Engländer kann er nicht auslassen. Diese hätten um eine vierte Pforte gebeten, deren

Baukosten sie wohl übernehmen wollten. Das wurde ihnen aber verwehrt, da man befürchtete, dass die Engländer gleich andere Nationen dazu bewegen würden, ihre Waren auch durch diese Pforte zu bringen, um von denen Brückenzoll zu erheben. Dadurch würden sie versuchen, ihrer englischen Muttersprache ein eigenes Königreich zu errichten. Offenbar erscheint es Major angemessen, die Verdrängung des Lateins und Französisch gebildeter Leute durch die Sprache der Kaufleute zu thematisieren.[89]

Hinter dieser zweiten Pforte säumen Gebäude den Weg, zur Linken das Haus der Logik und der Metaphysik, zur Rechten wohnen Rhetorik und Poesie. Mit dem Tor der Sprachen und den genannten Vorbauten ist das Trivium komplett. Dädalus hält sich hier nicht lange auf, sondern schwingt sich zu einem Erker des Turmes empor. Jetzt kann er die verschlungenen eisernen Reifen der Armillarsphäre erkennen. Auf einer Fahne darüber sind die Gesetze der Geometrie aufgeführt. Wie das *nemo geometriae ignarus intrato* über Platons Akademie verwehren sie dem in der Geometrie unerfahrenen den Zutritt. Für Major ist Geometrie ein Bekenntnis zur Messbarkeit „aller Körper der ganzen Welt". Ohne es auszusprechen, wird er hier zum Cartesianer. Die Arithmetik ist für ihn unverzichtbar zum Verständnis der Welt: die Astronomie beweist die Berechenbarkeit der Welt, selbst die Medizin wird durch präzise Beobachtung der wellenartig verlaufenden Krankheit und durch sorgfältige Wägung der Medikamente eine quantitative Wissenschaft.

Zu Dädalus gesellt sich nun Urania, die Muse der Astronomie, eine „in blau mit goldenen Sternen gestickten Rock gekleidete Jungfrau," die ihm den Aufbau der Welt, „die GOTT der Allerhöchste alles aus unermeßlicher Weißheit so schön geschaffen", anhand der Armillarsphäre erklärt. „Die Sonne in der mitten", es folgen Merkur, Venus und die Erde mit ihrer täglichen Umdrehung und dem jährlichen Umlauf um die Sonne. Major lässt die Urania dann die Absurditäten des ptolemäischen Weltbildes auflisten und vervollständigt so die kopernikanische Planetenwelt.

„Doch läs[s]t man gern einen jeden glauben was er wil[l]", sagt die Urania beschwichtigend und verweist auf die Streitereien der Theologen um den Synkretismus (d.h. die Verschmelzung verschiedener Religionen), der Juristen um die Widersprüche in den Gesetzen, und der Mediziner um den Stein der Weisen. Also wird Dädalus bei seiner Rückkehr auch weiterhin den Streit um die Bewegung von Sonne und Erde vorfinden. Major geht hier nicht weiter auf die offenen Probleme der Astronomie ein, die sich aus der Entfernung zu den Fixsternen ergeben, sondern schließt die kopernikanische Welt mit der Fixsternsphäre ab, die nach dem Propheten Jesaja von der rechten Hand Gottes aufgespannt wurde.

Urania führt den Dädalus zunächst durch das astronomische Kabinett. Dort stehen drei Sphären nach Ptolemäus, Tycho und Kopernikus friedlich nebeneinander. Obwohl viele Astronomen eher vom kopernikanischen System wegen seiner Einfachheit und Schönheit überzeugt sind, bleibt die endgültige Entscheidung zwischen den Systemen vorerst offen. Das ist in der Astronomie nichts ungewöhnliches, wenn wir es mit der heute aktuellen Frage nach der Rolle von dunkler Materie und dunkler Energie vergleichen, die den Aufbau der Galaxien und des Universums bestimmen.

Auch der berühmte begehbare Globus von Gottorf ist in Kopie vorhanden. Die Urania lässt beim Verlassen des Saales keinen Zweifel daran, dass der Platz der Erde unter den Planeten ist: Das ist auch eine Art, wie Major seine eigene Weltsicht diskret ausdrücken kann.

Man erkennt hier bereits die Unterschiede zwischen dem Analytiker Reyher, der den astronomischen Spitzfindigkeiten sorgfältiger auf den Grund geht, und dem Systematiker Major, dem das Sammeln und Ordnen wichtiger ist.

Im mathematischen Kabinett findet Dädalus viele einzelne Kammern. Die Mathematik gliedert sich in die Geometrie und Arithmetik, wobei insbesondere in der Astronomie die *Logistica*, d.h. das Manipulieren von Zahlen, eine besondere Rolle spielt. Die Algebra zerfällt in die *Algebra numerosa*, die mit Zahlen rechnet, und die *Algebra speciosa*, die von Vieta und Descartes erst in diesem Jahrhundert erfunden wurde und mit Buchstaben rechnet. Eine Unterabteilung bildet die *Cossica*, d.h. das Lösen von linearen, quadratischen und kubischen Gleichungen.

Er lässt die Urania den Dädalus weiter durch die Gemächer der Astronomie führen und erläutert all die Themengebiete, die darunter subsumiert sind: Pyrographie als Lehre vom „überirdischen Feuer der Sonne" und der Planetographie die den Lauf der Planeten beschreibt und so nützlich ist für das Kalendermachen. Jeder Planet bekommt sein eigenes Fachgebiet: Cronographie für den Saturn mit seinem Kragen und dem von Huygens kürzlich entdeckten Begleiter, Diographie für den Jupiter und seine Monde. Es schließen sich an Areographie (Mars) und Selenographie (Mond). Ganz kopernikanisch wird dann die Erde mit der „Geo"graphie eingefügt. Es folgen die Aphroditographie (Venus) und Hermetographie (Merkur). Major rühmt Kepler und Hevelius, die sich mit der Cometographia (Erforschung der Kometen), wie einst der antike Dädalus, „weit in die Höhe sich vom gemeinen Pöbel erhoben" haben. Reyher hätte hier wohl ergänzt: indem sie mit den Kometen die Kristallsphären zerschlagen haben.

Die Kammer der Geographie gliedert sich ferner in die Chorographie (Länderkunde), Topographie (Ortskunde), Anemologie (Windkunde) und Hydrographie, die von Meeren, Seen und Flüssen handelt und allerlei Strömungsvorgänge an Meerengen, Flussmündungen und sogar Wasserfälle beschreibt.

Gegenüber der Astrologie zeigt sich Major ungewöhnlich tolerant, der er nur ein „auf gewisses Maß eingeschränktes Urteil" bescheinigt. Zu Geburtshoroskopen merkt er an, dass „dem Gestirn über uns gar zu große Gewalt erteilt" worden sei. Major schimpft auf die Chiromantie (Handlesen), lässt sich dann aber seitenlang über ihre Details aus.

Für Majors Studenten ist das alles zunächst nur eine Taxonomie der Wissenschaft, wie sie ihnen aus der Botanik bekannt ist, wo neben jedes Pflänzchen ein Schildchen mit einem lateinischen Namen gestellt wird. Dem Bildungsideal der Polymathie,[90] einer alles umfassenden Universalbildung, wie sie Major als Ziel für die Allgemeinbildung seiner Medizinstudenten vertritt, ist diese Vorgehensweise angemessen.

Etwas ausführlicher geht er dann auf die Details der Botanik, Pharmakologie, Chemie und Medizin ein, denen er fachlich so viel näher steht. Natürlich gibt es dort ein *Theatrum Anatomicum* mit Skeletten von Mensch und Tier, konservierten Föten und „allerhand trocken und flüssig balsamierten Körpern". Weiter wendet er sich der Architektur in all ihren Facetten zu, die von der Militärbaukunst über Kirchenbau, Bergbau zum Schiffbau reichen. Auch Musik hat praktischen Nutzen für die Medizin, z.B. bei der Untersuchung des Herzschlages. Sport sieht Major weniger durch die Brille der Medizin, sondern ordnet Schwimmen, Tauchen, Voltigieren und Tanzkunst der Physik unter dem Teilgebiet Stathmica (Wägekunst) zu, in der es um alle Formen des Gleichgewichts geht. Er erweitert dann aber den Katalog zu einer historischen Beschreibung vom Ringkampf bei den alten Griechen bis zu Schaukämpfen in römischen Arenen. Navigation, Kriegstaktik zu See und zu Land, Schachspiel und der Umgang mit französischen Spielkarten erscheint ihm diskussionswürdig, und er schließt mit dem Formationsflug der Wildgänse als Taktik der Natur.

Danach kommt er auf sein Lieblingsthema zu sprechen, die Kunst- oder Naturalienkammern. Sein Katalog derartiger Sammlungen aus ganz Europa füllt mehr als zehn

Seiten. Jahre später wird er selbst in Kiel solch ein privates Naturkundemuseum einrichten. Major revolutioniert hier die akademische Ausbildung, indem er dem Bücherwissen das Experiment zur Seite stellt.[91]

Zuletzt führt die Urania den Dädalus in das optische Kabinett (*Conclave Opticum*). Die Optik zerfällt in die Dioptrik, die den Gebrauch der Linsen, Fernrohre, Mikroskope und Prismen behandelt, und in die Katoptrik mit ihren planen, konkaven und konvexen Spiegeln, sowie allerlei Zerrbildern auf krummen spiegelnden Flächen. Ausführlich geht Major dann auf die Wunderwelt der Camera Obscura ein. Das ist aber nicht die begehbare abgedunkelte Kammer, die mittels eines kleinen Loches im Vorhang Bild der Außenwelt erzeugt. Hier beschreibt er eigentlich die Laterna Magica, eine Vorläuferin des Diaprojektors, bei der auf Glas gemalte Pferde und Reiter, sogar als bewegte Bilder, auf einen Schirm projiziert werden. Er schwärmt hier von den vielfältigen Anwendungen solch projizierter Bilder, die den Unterricht beleben können und sollen: Das ist der Einsatz moderner Medien im Barock.

Allerdings wird es Reyher geschmerzt haben, dass seine eigenen Verdienste um die Optik hier nicht gewürdigt wurden. Hatte er doch schon vor drei Jahren auf dem Dachboden des Theologengebäudes ein optisches Kabinett eingerichtet. Die Nachricht von seiner Camera Obscura hatte sich doch schnell in in ganz Europa verbreitet, und seine Camera Obscura war sogar in den *Historischen Remarques* von 1669 erwähnt worden.[92] Der von Olearius in Gottorf errrichtete Globus hatte dagegen seinen Ehrenplatz erhalten. Aber der Prophet gilt wohl nichts im eigenen Land.

Ans Ende seines Lernkatalogs stellt Major eine Liste von 28 Ermahnungen, auf welchem Wege man in diese Neue Welt gelangen kann. Man braucht dazu in seinen Worten:

1. *Appetitus*, oder ein sonderbahres unverfälschtes Verlangen nach der rechtschaffenen Welt-Weisheit.

2. *Ingenium*, oder ein guttes / wol-erfindend und leicht-fassendes Nachdenken.

3. *Memoria*, oder ein frisch- und hurtiges Gedächtnüß.

4. *Iudicium*, oder ein guttes natürliches Urtheil / von allen / in dem Experimental-studio sich ereignenden dingen.

5. *Indifferentia*, oder ein solcher zutritt in die Schule der Natur / das man ohn' alle vorher-gefaste / (offt betrügliche) Meinungen / sich dem blossen Erfolg der Experimenten ergebe.

6. *Admiratio*, oder ein schuldiges verwundern dero / in erforschung der Natur sich ereignenden dinge.

7. *Dubitatio*, oder verschiebung des gäntzlichen Beifals / bis auff ferneres nachdenken.

Weiterhin gehören dazu Ausdauer, Geduld, Geschicklichkeit der rechten und der linken Hand, und endlich Fortuna, die wirtschaftliche Unabhängigkeit. Auf dem Titelblatt der *See=Fahrt* hatte er das Motto vorangestellt: „In der Wissenschaft gibt es keinen Hasser, nur einen Unwissenden; auch keinen Spötter, sondern nur einen an der Pseudowissenschaft vor seinem Gewissen unglücklich Verzweifelnden."[93]

Reyhers Antwort auf Majors Schrift gibt die Disputation, die sein Student Detlev Brockdorf im September 1670 unter dem Titel *De Rege Mathematico* absolvierte, deren Text aber von Reyher stammt. Das ist wohl die erweiterte Fassung der Schrift, die er 1666 als *De Milite Mathematico* angekündigt hatte, die aber wohl nicht gedruckt wurde. Sein Ideal ist ein Prinz oder Edelmann, der aufgrund seiner umfassenden Sachkenntnis klug regieren kann. Dabei hat er wohl seinen Gothaer Landesfürsten Ernst im Blick, der für ihn dieses Ideal verkörperte. Interessant ist aber auch der Perspektivenwechsel: Sein Vater Andreas hatte die Bildung des einfachen Landvolkes befördert, um das zerstörte Land wieder aufzubauen. Jetzt forderte der Sohn Samuel, das an die Spitze all dieser Länder gut ausgebildete Technokraten gehören.

Dann geht es sofort zur Sache: Die Mathematik, unter deren Namen ja all diese reinen und angewandten Wissenschaften versammelt waren, teilt sich ein in echte (*genuinas*) und unechte (*spurias*). Zu letzteren gehören alle Arten von Wahrsagerei: Geburtshoroskope, Handlesen, Augenlesen, Fußlesen, Traumdeuterei, sowie Deutung von Vogelflug und -gesang. Wie unscharf hat sich doch Major gegen diese Pseudowissenschaft abgegrenzt!

Die echten Disziplinen unterteilt Reyher weiter in für den Rex Mathematicus wichtige und weniger wichtige. Das Lösen von Gleichungen in der Algebra solle man den echten Mathematikern überlassen. Auch die Kegelschnitte mögen zu anspruchsvoll sein. Aber wenigstens ihre Namen solle er wissen und ihre Form erkennen. Vom generellen Aufbau des Planetensystems sollte er zumindest die Grundlagen kennen und die Unterschiede der verschiedenen Modelle verstanden haben.

In Kriegs- und Friedenszeiten wird der künftige Herrscher stets solide Kenntnisse im Rechnen benötigen. „Sagt man doch im Deutschen, um die Dummheit eines Knaben oder Idioten zu beschreiben, dass er nicht über Drei hinaus zählen könne."[94] Geometrie ist der Schlüssel zu weiteren Disziplinen, wie der Astronomie, wobei sich der Herrscher aber von den Astrologen und deren Horrorszenarien fern halten soll. Geodäsie soll er lernen, um die Gemeinde- und Landesgrenzen festlegen zu können und sich natürlich in Geographie und Seefahrtkunde auskennen.

Dann folgt der ganze Katalog nützlichen Wissens, der in die Ausbildung des Rex Mathematicus einfließen soll und sich nicht wesentlich von Majors Vorstellung unterscheidet: Pyrotechnik, Pneumatik und Hydraulik, Mechanik, Akustik, Musik und die ganze Bandbreite von Architektur, sowie die Taktik. Etwas spezieller als bei Major ist hier die Erwähnung der Gnomonik (Bau von Sonnenuhren) und die Perspektivenlehre.

Die Dissertation geht danach im Einzelnen auf Landesherren ein, die sich in ihrem Regierungshandeln dieser mathematischen Disziplinen bedient haben. Das klingt aber sehr nach Fürstenschmeichelei. Besonders auffällig ist die mit zwei Seiten überaus lange Darstellung seines früheren Gönners, Ernst des Frommen. In meiner Heimat Westfalen würde man diese Anbiederung „mit der Wurst nach der Speckseite werfen" nennen.

Im vierten Abschnitt beschreibt er die Methode, wie der künftige Herrscher in den mathematischen Wissenschaften unterrichtet werden soll. Dabei erwähnt Reyher in der Ichform sein eigenes Wirken bei der Ausbildung des Prinzen Friedrich. Will er hier seine Praxiserfahrung betonen? Oder gar Major als pädagogisch unerfahren dastehen lassen? Dann spannt er den Bogen zu Francis Bacons *Nova Atlantis*, einem utopischen „Entwurf wissenschaftlicher Arbeitsteilung",[95] an die sich dann – fairerweise – eine kurze Skizze von Majors *See=Fahrt* anschließt.

Zuletzt folgt Reyhers eigener Lehrplan mit dafür geeigneten praktischen Hilfsmitteln:

1. Algebra: Gleichungen auflösen durch Addition, Subtraktion, Multiplikation oder Potenzierung am Beispiel der Waage.

2. Geometrie: Figuren aus Dreiecken zusammensetzen als Illustration des Euklid. Gläserne Kegel mit gefärbter Flüssigkeit als Modell für Kegelschnitte benutzen.

3. Arithmetik: Zunächst am Abakus, danach Napiersche Stäbchen und auch von Qualens sexagenale Stäbchen. Wurzelziehen erklären durch kleine Quadrate aus denen ein größeres zusammengesetzt ist, oder dasselbe mit Würfeln für Kubikwurzeln.

4. Cosmographie: Erklärung der verschiedenen Weltmodelle mit Armillarsphären. Wenn man die nicht hat, könne man mit Schiffchen auf einem Teich das kopernikanische System und die Planetenbewegungen vorführen.

5. Astronomie: Mondkarten und die Camera Obscura zur Projektion der Sonnenscheibe auf einen Schirm.

Und so geht es weiter durch alle genannten Disziplinen bis hin zur Taktik. Dann folgt, als vorletztes dieser Reihe, ganz überraschend der Satz: „hier könne man ja noch ein Divinatorium anfügen." Hatte er die Astrologie nicht zu Anfang noch unter die „unechten" Wissenschaften eingereiht? Reyher hat dabei aber immer feine Unterschiede gemacht. Eine Astrologie, die eine Wirkung der Planeten auf die Stürme auf der Erde erklärt, will er nicht grundsätzlich ausschließen. Im Sommersemester 1678 hat er sogar selbst eine Vorlesung über Astrologie gehalten.[96] Nur die Hellseherei mittels Astrologie ist ihm ein Dorn im Auge. Deshalb sperrt er hier die astrologischen Häusertafeln, die Schaubilder mit Handlinien und Mustern der Fußsohlen, die Beispiele für Gesichtszüge, sowie das übrige „unnütze Zeug" in vier Kammern ein.

Ganz am Ende lässt er sich noch über die Steganographie mit all ihren nützlichen Geheimschriften aus. Diese konkreten Anweisungen lassen die pädagogischen Ansätze seines Vaters Andreas mit seinem an Realien orientiertem Unterricht durchscheinen, die sich Samuel hier aber wohl überlegt hat und vermutlich schon bei seiner Prinzenerziehung zum Einsatz gebracht hat.

Wie Major die Nützlichkeit der Laterna Magica für die Pädagogik angepriesen hat, so lässt Reyher am Schluss die Wissenschaft eine Komödie aufführen, „weil den Lernenden so der Stoff spielerisch beigebracht würde."[97] Deren fünfter Akt ist der „Krieg der mathematischen Disziplinen". In der ersten Schlachtreihe die Algebra, auf dem rechten Flügel die Fußtruppen der Geometrie, Trigonometrie und Kegelschnitte, links die Arithmetik mit Dezimal- und Sexagesimalrechnung. Es folgt die Kavallerie: Rechts vier Regimenter aus Astronomie, Chronologie, Geographie und Hydrographie. Links gemischte Reiterei: Geodäsie mit Pneumatik und Hydraulik, Sonnenuhren und Waagen, Optik mit Akustik und Musik, Architektur mit Taktik. In der zweiten Schlachtreihe die Amazonen der Pyrotechnik und Mechanik mit ihren Pfeilschützen, Wurfmaschinen und Streitwagen. Ihr voraus geht die Steganographie zwecks Erkundung. Es folgt in gebührendem Abstand die Hellseherei im Zug der „Marketender, Trossknechte und Bagage". Da gehören sie hin: die divinatorischen Künste, nämlich als Huren und Kriegsgewinnler im Tross der Wissenschaft!

Der aufgeklärte Standpunkt Reyhers, der sich von der Astrologie zu distanzieren beginnt, wird auch durch das von ihm gebrauchte Zitat Ciceros deutlich: „Erstaunlich sei es, wie ein Augur, der einem anderen Auguren auf der Straße begegne, sich das Lachen verkneifen könne."[98]

Zwei Jahre später veröffentlicht Major eine kleine Schrift Descartes', die er aus dem Französischen ins Lateinische übersetzt hat,[99] in der er mit Bild und Text Flaschenzüge, schiefe Ebenen, Keile, Seilwinden und Schrauben als Hilfsmittel zur Kraftverstärkung anhand einfacher geometrischer Argumente erklärt. Dabei kommt er ganz ohne Formeln aus, und das Buch eignet sich als ein ideales Lehr- und Anschauungsbuch für seine Studenten. Das gemeinsame Prinzip hinter all diesen Konstruktionen zu erkennen, ist ihm dabei vor allem wichtig. Mehr braucht der Mediziner nicht für seinen Beruf: Hauptsache, er kann dieses Prinzip praktisch anwenden.

Reyher und Major haben einen Wettstreit miteinander um die Aufmerksamkeit für ihre Wissenschaft ausgetragen. Geeint hat sie die Überzeugung, dass ein zeitgemäßer Unterricht in den Naturwissenschaften den Einsatz praktischer Hilfsmittel und von Demonstrationsobjekten erfordert: Reyher mit seinem optischen Kabinett, Major mit seinem botanischen Garten und später seiner Naturalienkammer.

Ehe und Politik

Die ersten sechs Jahre in Kiel ging Reyher vollkommen in seiner wissenschaftlichen Arbeit auf. Erst mit 36 Jahren begab er sich auf Freiersfüße. In Schleswig fand er seine künftige Ehefrau, die achtzehnjährige Catharina, Tochter des Amtsvogts Johann Adolph Beselin. Zu dessen Aufgaben gehörte das Steuerwesen und die kleine Gerichtsbarkeit in der Landschaft Stapelholm. Darüber hinaus war Beselin in Verhandlungen des Herzogs bei allerlei politischen Geschäften eingebunden. Es ist nicht überliefert, wie Samuel Reyher seine Catharina kennengelernt hat. Wir wissen nur, dass am 9. August 1671 Catharinas Bruder Johannes Adolfus Beselin, genannt Hans, an der Christiana Albertina immatrikuliert wurde, und zwar zusammen mit seinem jüngeren Bruder Nicolaus,[100] der aber wegen seiner Minderjährigkeit noch nicht den Aufnahmeeid ablegen durfte.[101] Zu vermuten ist, dass sich in diesem Zusammenhang der Kontakt zu den Beselins ergeben hat. Nicolaus disputierte später, im Jahre 1676, bei Reyher über *De Insulis*, worin die Rechtsfragen im Zusammenhang mit Inseln auf Flüssen, Seen und Meeren behandelt wurden.

Die Hochzeit fand dann am 2. Mai 1672 in Schleswig statt. Samuels Freund und Kollege, Johann Daniel Major, hat zu diesem Anlass ein Festgedicht verfasst mit dem Titel: *Amor als ein Dieb und Räuber mit einem Sack voll entführter Mathematischer Instrumenten*. Major hat gut reden, ist er doch schon seit sieben Jahren verheiratet und Familienvater.

In diesem Gedicht spießt er Samuel Reyhers bisheriges gelehrtes Junggesellenleben satirisch auf und vernichtet symbolisch all die Instrumente seiner Wissenschaft, die bisher sein alleiniger Lebensinhalt gewesen waren. Sein Lineal verbrennt er:

> Es hat der Bräutigam gar andre Ding zu messen;
> wie hoch der Braut der Mund, wie breit die Brust
> gesessen.
> Wie tieff es da und dort mit Ihr beschaffen sey.
> Schaut, wie das Lineal sich krümmt und brennt
> entzwey:
> Er wird wohl grade Strich' ohn dem zu ziehen wissen.

Zirkel, Quadranten, Winkelmesser, Messkette, Anschlagwinkel, Ferngläser, Mikroskope, Globen: alles muss ins Feuer. Seine Linsen soll er nicht länger in der Werkstatt schleifen:

> Zum Schleiffen ist das Bett, das so viel sanffter
> thut,
> als an dem Glasstaub seine Hände wund zu
> reiben:
> Die Draeh=Kunst, die soll er auf seiner
> Draeh=Banck treiben,
> Giebt ebenfalles zwar des Stoß= und schüttelns
> viel;
> Doch hat dieß Handwerck ganz ein andern Zweck
> und Ziel:
> Weg Fern= und Groeßerungs=Glaß; das Bett ist
> dicht verhenget:
> Hier sieht man, was man fühlt, hier fühlt man
> was sich dränget;
> Der Sonnen=Glantz gehört in diese Reihe nicht,
> Biß das ein neuer Gast die Mutter lebhaft bricht.

Man sieht, Major war kein Kind von Traurigkeit.

Sein literarisches und satirisches Talent hatte Major schon bewiesen, als er im Monat zuvor anlässlich der Amtsübergabe des Prorektorats von dem Mediziner Caspar March an Samuel Reyher diesem ein Büchlein überreichte, das er extra hatte drucken lassen, mit dem Titel: *Emblemata de Purpura Reyherianae Prorectali Purpurae Dicata*, zu deutsch: *Bilder von der Purpurschnecke, die dem Reyherschen Prorektorenmantel gewidmet sind.*

Man versteht das lateinische Wortspiel, wenn man weiß, dass der Purpurfarbstoff aus dem Sekret der marinen Purpurschnecke gewonnen wurde. Major ist schließlich Biologe! Nach einer würdigen Widmung im Stil der Zeit folgt dem Drama das Possenspiel: In zwölf Paragraphen zeigt das Büchlein jeweils eine wunderschöne Darstellung einer Muschel oder Schnecke mit zugehöriger wissenschaftlicher Beschreibung. Als Überschrift ist stets ein Motto gewählt, das zu dieser Art passt und dem neuen Prorektor Erbauung und Erheiterung bietet. Im folgenden Wintersemester wurde Major dann sein Nachfolger im Amt des Prorektors. Reyher selbst hat dieses Amt insgesamt neunmal übernommen.

Reyhers Eheschließung fiel in eine Zeit trügerischer politischer Ruhe. Der zweite Nordische Krieg (1657-1660) lag bereits ein Jahrzehnt zurück. Damals musste der 18-jährige Christian Albrecht unvermittelt die Regentschaft übernehmen, nachdem sein Vater, Herzog Friedrich III. von Schleswig-Holstein-Gottorf, 1659 bei der Belagerung von Tönning verstorben war. Nach dem Sieg der Schweden erhielt Gottorf im Frieden von Roskilde von 1658 zunächst die erwünschte Souveränität. Das Blatt wendete sich jedoch zugunsten der Dänen. Mit dem Kopenhagener Frieden musste Christian Albrecht sich mit einer Teilsouveränität Gottorfs zufrieden geben. Der Dänenkönig und der Gottorfer Herzog regierten nun gemeinsam über Schleswig-Holstein, das in herzogliche und königliche Landesteile aufgesplittert war. Da er mit dem nunmehr absolutistisch herrschenden Vetter seines Vaters, beide nannten sich Friedrich III., in Frieden leben wollte, hatte Christian Albrecht 1667 dessen Tochter Friederike Amalie geheiratet. 1671 wurde der erste Sohn geboren, den sie wiederum Friedrich nannten.

Doch der Streit mit Dänemark brach erneut aus, als Christian V. den dänischen Thron bestieg, und versuchte, die Lehnshoheit über Schleswig-Holstein-Gottorf wiederzuerlangen. Er verwickelte Christian Albrecht in juristische Auseinandersetzungen um Erbstreitigkeiten, die Oldenburg und Delmenhorst betrafen, an denen auch die Verwandten der Linie Schleswig–Holstein–Sonderburg–Plön beteiligt waren. Christian Albrecht unterlag 1673 in Wien vor Gericht und verbündete sich wieder mit den Schweden, um seine Position zu stärken. Doch der Dänenkönig lockte ihn 1675 unter dem Vorwand von Verhandlungen nach Rendsburg, setzte ihn dort fest und zwang ihn zum Verzicht auf Souveränität und auf alle fremden Bündnisse. Der gottorfische Anteil des Landes wurde wieder einmal besetzt und Christian Albrecht, nunmehr aller Einnahmen aus seinen Ländern beraubt, ging weitgehend mittellos ins Exil nach Hamburg, das bis 1679 andauerte.

Es sind diese politischen Verhältnisse, die Samuel Reyhers Schwiegervater Beselin zu zahlreichen Reisen nach Hamburg und ins Ausland zwangen, um die Interessen des Herzogs zu vertreten. In späterer Zeit wurde er dann 1689, als der Herzog zum zweiten Mal ins Hamburger Exil ging, zum Reisesekretär des Herzogs und 1696 zum Hofrat und Dominspektor ernannt.[102]

Johann Daniel Major sollte ein tragisches Ende ereilen: Vom schwedischen König Karl XI. Gustav wurde er 1693 nach Stockholm gerufen, um die tödlich erkrankte Königin Eleonore zu behandeln, die er aber nicht retten konnte. Major war der Begründer der Infusionstherapie,[103] bei der Injektionen in die Venen oder sogar Transfusionen vorgenommen wurden. Bei einer solchen hat er sich wohl mit Hepatitis B infiziert. Er starb eine Woche nach der Königin auf der Rückreise in Kopenhagen mit den dafür typischen Symptomen. Das Schiff, das seinen Sarg nach Kiel zurückbringen sollte, sank im Sturm auf der Ostsee.[104]

Sonne und Mond

An diesem Freitagabend, drei Wochen nach Ostern 1667, spürte man endlich das Ende des Winters, aber es war noch recht kühl im Freien. Die Sonne stand um sechs Uhr schon recht tief im Westen und der Theologentrakt warf einen langen Schatten über den Universitätshof. Der Brunnen lag schon im Dunkeln. Dort wollte Samuel Reyher das Teleskop aufbauen, das der Kammerherr von Qualen der Universität so großzügig überlassen hatte. Dieser hatte ihn ja auch ermutigt, als Ergänzung zu Reyhers erstmaligem Vorlesungszyklus über Astronomie, jetzt im Sommersemester den Studenten in klaren Nächten Beobachtungen des Mondes und der Planeten anzubieten. Wenn es seine Gesundheit erlaubte, wollte von Qualen gern dazukommen und Reyhers Erläuterungen anhören.

Reyher war etwas erschöpft, nachdem das Sommersemester nach Ostern begonnen und seinen ganzen Einsatz gefordert hatte. Die Vorbereitung der neuen Vorlesung hatte schon viele nächtliche Stunden verschlungen. Zudem lag ja immer noch das unerledigte Manuskript zum Gebrauch der Mathematik im Militärwesen[105] auf dem Schreibtisch, das den Inhalt seiner Vorlesung des vergangenen Sommersemesters zusammenfassen sollte. Doch das musste noch warten; denn nach langer Überredung durch seine Kollegen hatte er eingewilligt, in diesem Semester auch noch das Amt des Dekans zu übernehmen. Eigentlich fielen ihm organisatorische Aufgaben ja leicht. Aber im Moment kam einfach zu viel zusammen. Deshalb hatte er die erste nächtliche Beobachtung auch noch bis zum heutigen 27. April verschieben müssen. Dafür wartete aber ein

Vollmond in seiner ganzen Pracht auf sie! Würden überhaupt Studenten kommen? Oder hatten die am Freitagabend nichts besseres vor?

Es war ein wolkenfreier Tag gewesen, und die Nacht versprach eine gute Sicht auf den Mond, der in Kürze aufgehen sollte. Der Blick nach Westen war zur Linken über die Gärten und den Stadtgraben hinweg unversperrt. Niedrige Häuser und dann die imposante Silhouette des Schlosses mit seinen Türmen schlossen sich zur Rechten an. Dort, weiter rechts, neben dem Schloss sollte der Mond erscheinen. Im Westen war der Himmel schon im Halbdunkel und hatte noch letzte zarte Rosatöne, die sich in das verblassende Blau mischten. Der Universitätshof lag bereits im Schatten des Theologentrakts. Im Osten war der Horizont bereits dunkel. Reyher hatte die Instrumente bereits vom Nebenraum der Bibliothek heruntergeholt und in den darunter liegenden Hörsaal gebracht, wo er morgens um zehn Uhr noch seine Vorlesung gehalten hatte. Eigentlich sollten seine Studenten schon etwas mit astronomischen Themen vertraut sein, nachdem er in der zweiten Hälfte des vergangenen Wintersemesters in seiner großen Vorlesung den Gebrauch des Himmelsglobus und die Lage der Sternbilder diskutiert hatte.

Reyher hatte den Pedell bereits von seinem nächtlichen Vorhaben unterrichtet. Obwohl das ein etwas grober Mensch war, hatte Reyher mit seiner umgänglichen Art zu ihm ein auskömmliches Verhältnis entwickelt. Dieser war auch selbst neugierig geworden, welches Spektakel sich da bieten würde, und hoffte, auch einmal einen Blick durch das Fernrohr werfen zu dürfen. Dafür war er gern bereit, eine Laterne mitzubringen, damit Reyher ein wenig mehr Licht zum Hantieren habe. Auch einige Fackeln wurden bereit gelegt, damit sich beim Heimgang am Ende der Veranstaltung trotz des Vollmondes niemand auf dem holprigen Pflaster des Universitätsplatzes die Knochen bräche.

Reyhers Befürchtung, das kein Student kommen würde, war unbegründet. Mit Einbruch der Dunkelheit hatten sich schon zwei Dutzend Studenten eingefunden. Aufgabe des Pedells war es, die Studenten davon abzuhalten, die wertvollen Instrumente anzufassen. Reyher hatte inzwischen eine geeignete Stelle gefunden, wo er das Stativ für das große Teleskop auf dem ungleichen Pflaster schön stabil und senkrecht ausrichten konnte. Dann hatte er das fünf Fuß lange Fernrohr in die Gabel des Stativs eingehängt und seine freie Beweglichkeit um die Dreh- und Schwenkachse ausprobiert. Jetzt musste er noch einmal zurück, um das kleinere Fernrohr zu holen. Immer noch strömten Studenten hinzu. Das war kein Wunder. Die große astronomische Vorlesung war öffentlich und Studenten aller Fachrichtungen durften diese und die zugehörigen Demonstrationen besuchen. Endlich war in Kiel mal wieder was los!

Samuel Reyhers Kollegen, die auch eingeladen waren, hielten sich zunächst etwas zurück. Bei ihnen stand Henrik von Qualen, auf einen Stock gestützt. Als Reyher ihn erkannte, ging er hin und bat ihn zu sich zu dem großen Fernrohr. Noch einmal dankte er – nunmehr in seiner Funktion als Dekan – in überschwänglichen Worten dem edlen Spender für die Überlassung seiner wertvollen Instrumente, von denen zwei nun erstmalig öffentlich vorgeführt würden.

Gegen halb acht erhob sich dann die Mondscheibe ganz blass über den Dächern der Kieler Häuser. Gegen den noch nicht völlig dunklen Himmel waren mit bloßem Auge kaum Strukturen auf dem Mond erkennbar. Als das letzte Licht der Dämmerung verschwunden war und der Mond etwas höher am wolkenfreien Himmel stand, bot sich ein prächtiges Schauspiel. Reyher richtete das große Fernrohr auf die Mondscheibe aus und ließ dem väterlichen Freund von Qualen den Vortritt beim Blick auf den Mond. Dann begann er über die Ringwälle, Gebirge und

Meere auf dem Mond zu dozieren. Auch Spekulationen über Mondbewohner und Wetterereignisse auf dem Mond ließ er einfließen. Um das kleinere Teleskop begann ein Gedränge: Jeder wollte mit eigenen Augen diese Wunderdinge auf dem Mond sehen. Der Pedell musste für Ordnung sorgen. Schön in eine Reihe sollten sie sich stellen und die anderen nicht zu lange warten lassen.

Reyher hatte inzwischen seine Kollegen zu sich gebeten und auch ihnen den Blick durch das große Teleskop gestattet. Sein Freund Major hatte den Mond schon früher durch ein Fernrohr gesehen. Heute war er ganz begeistert von dem detailreichen Bild, das der Mond an diesem schönen und klaren Frühlingsabend zeigte.

„Noch deutlicher sieht man aber die Gebirge und deren Schatten, wenn der Mond im ersten Viertel steht."

Man hätte es erwarten können: Major konnte seine eigenen astronomischen Kenntnisse nicht für sich behalten. Aber Reyher ließ den Freund gewähren ohne sich aber die Bemerkung verkneifen zu können:

„Dafür steht ein zunehmender Halbmond kurz nach Sonnenuntergang aber schon so hoch am Himmel, dass Du zur Strafe tief in die Knie gehen musst, um durch das Fernrohr schauen zu können."

Auch die Juristen und Theologen waren von diesem Himmelstheater ganz angetan. Leider musste sich von Qualen früh verabschieden, da ihm das Stehen schwer fiel und die Kälte der Nacht ihm doch zusetzte. Immerhin hatte die Universität ihm den gebührenden Dank nochmals offiziell ausgesprochen.

Während jeweils nur ein Student den Mond betrachten konnte, hatte Reyher begonnen, den Umstehenden die Sternzeichen am Nachthimmel zu zeigen. In der jetzt herrschenden Dunkelheit traten sie alle in voller Pracht hervor. Reyher begann mit dem Großen und Kleinen Bären, im Volksmund auch Kleiner Wagen genannt, dessen Deichsel der Polarstern krönt. Dann folgten die Sternbilder des

Tierkreises, soweit sie sich über den durch die Gebäude eingeschränkten Horizont erhoben. Man konnte es nicht oft genug erklären: nicht die Himmelssphäre dreht sich in der Nacht um die Erde, obwohl es so scheint, sondern die Erde dreht sich um ihre Achse! Wenigstens das sollten alle von diesem nächtlichen Schauspiel als Erkenntnis mit nach Hause nehmen, auch wenn sie sich vorher nicht mit Astronomie beschäftigt hatten.

Fast zwei Stunden zog sich dieses astronomische Spektakel hin, und die Nacht wurde recht kalt. In die Gärten waren Nebelschwaden vom Stadtgraben heraufgezogen. Der Pedell hatte an der Hausecke des Philosphentraktes und am Konvikt Fackeln angezündet, wo der Heimweg in die Stadt entlang führte. An diesem Abend waren die Studenten so beeindruckt, dass die Nacht ruhig verlief.

Später, als die Reyherschen nächtlichen Demonstrationen zu einer Kieler Attraktion geworden waren, kamen immer mehr Studenten nur um des Spektakels willen, und – so entnimmt man aus Gerichtsprotokollen – es soll im Anschluss gelegentlich zu Ausschweifungen gekommen sein,[106] bei denen die Nachtruhe gestört wurde und auch mal Fensterscheiben zu Bruch gegangen sind. So oder ähnlich mag die erste öffentliche astronomische Demonstration in Kiel verlaufen sein.

Dem Konsistorium der Universität waren Reyhers öffentlichkeitswirksame Veranstaltungen nicht verborgen geblieben. Solche Aktivitäten könnten noch mehr Studenten an die junge Universität in Kiel locken. Ein Antrag bei der Regierung, für Reyher ein Observatorium einzurichten, wurde zwar freundlich entgegengenommen, aber – wie so oft – aus Geldmangel nicht realisiert. Reyher blieb also auf sich allein gestellt. Einige Fernrohre, die er bei seinen weiteren Demonstrationen benutzte, hatte er aus eigenen Mitteln angeschafft. Sein Enthusiasmus, mit öffentlichen astronomischen Demonstrationen nicht nur seine Studenten, sondern auch die gebildeten Adeligen und Bürger zu belehren, blieb sein Leben lang ungebrochen.

Besonders spektakulär war die Beobachtung von selte-
nen Himmelsereignissen wie Mond- oder Sonnenfinsternissen. Bei den viel häufiger auftretenden Mondfinsternissen
hatte er gewöhnlich mehrere Fernrohre aufgebaut. Das
beste diente der genauen Beobachtung der Wanderung des
Erdschattens über die Mondscheibe und war ihm selbst
und seinem Assistenten vorbehalten. Reyher verwendete
zur Dokumentation der Wanderung des Erdschattens eine
Methode, die der Danziger Astronom Johannes Hevelius
eingeführt hatte. Der Beobachter identifiziert dabei zwei
markante Merkmale, Krater oder Linien, durch die die
Schattengrenze verläuft. Auf einer Mondkarte wurde dann
mit Hilfe einer Schablone, deren Rand maßstäblich der
Form des Erdschattens entsprach, eine Kreislinie durch
die entsprechenden Punkte auf der Mondkarte gezeichnet.
Die weniger stark vergrößernden Instrumente durften die
Studenten nacheinander benutzen, die mehr an dem un-
gewohnten Schauspiel als an der damit verbundenen Wissenschaft interessiert waren.

Sonnenfinsternisse erforderten von den ambitionierten
Astronomen eine andere Beobachtungsart. Wegen der Gefahr für das Auge verbot es sich, mit dem Fernrohr in die
Sonne zu schauen. Reyher benutzte in späteren Jahren
zur Beobachtung der Sonne eine Anordnung, die schon
der Astronom Christoph Scheiner zur Beobachtung von
Sonnenflecken verwendet und beschrieben hatte.[107] Dabei
wirft das Fernrohr ein Bild der Sonnenscheibe von etwa
10 cm Durchmesser auf einen Schirm aus Karton. Auf diesem Schirm gibt es konzentrische Kreise und ein Faden-
kreuz, mit dem das wandernde Bild der Sonnenscheibe
durch entsprechendes Verschieben des Kartons zentriert
gehalten wird. Mittels einer Kreisschablone, die der Größe
des Mondes entspricht, wird dann zu jeder vollen Minute
der Rand der Mondscheibe auf dem Karton abgetragen.
Dadurch ergibt sich ein präzises Bild über den Ablauf der

Sonnenfinsternis. Ein Beispiel für eine solche Darstellung ist von Hevelius[108] überliefert (Abb. 9).

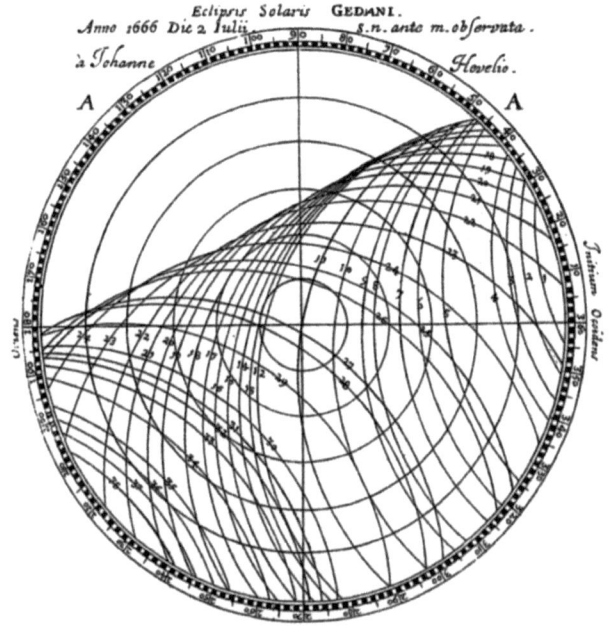

Abbildung 9 Ablauf der Sonnenfinsternis vom 21. Juni$^{jul.}$ / 2. Juli$^{greg.}$ 1666, in Danzig beobachtet von Johannes Hevelius (WikiMedia, gemeinfrei).

Das Interesse an Sonnenfinsternissen war bei den Astronomen groß. Das einfache Volk war dagegen in großer Angst und fürchtete das Ende der Welt. Die Chronik des Kieler Bürgermeisters Asmus Bremer vermerkt für die Sonnenfinsternis von 1654, die in Kiel nahezu total gewesen ist:

Anno 1654 den 17. Juli[109] ist eine große Sonnenfinsternis gewesen und haben viel Leute in großen Furchten und Freuden, dass der liebe jüngste Tag hereinbrechen würde, hirselbst 3 Tage nacheinander sich des hochheyligen Nachtmahls bey großer Andacht bedienet.[110]

Im Juli des Jahres 1666 hatte eine weitere Sonnenfinsternis stattgefunden, die außer in Danzig auch in Ingolstadt, London und Paris beobachtet wurde. Reyher erwähnt diese Sonnenfinsternis nicht. Wahrscheinlich war der Himmel über Kiel wolkenverhangen gewesen. Es ist ziemlich sicher, dass von Qualen ihn auf den Termin dieser Sonnenfinsternis aufmerksam gemacht hatte. Allerdings wanderte der Kernschatten über Sizilien zum Balkan, so dass hier im Norden nur eine partielle Finsternis mit etwa 50% Bedeckung zu sehen war. Auch die Chronik des Asmus Bremer schweigt sich aus. Die schaurige Verdunklung einer totalen Sonnenfinsternis mit dem plötzlich aufkommenden kalten Wind ist ausgeblieben. Eine Sonne von halber Helligkeit fiel aber bei bewölktem Himmel dem Laien wohl kaum auf.

Reyher benutzte die große Resonanz, die seine astronomischen Demonstrationen in der Universität fanden, gleich dazu, ein neues Projekt anzufangen. Im Sommer 1667 beantragte er die Bereitstellung eines Raumes für die Einrichtung eines optischen Kabinetts. Das Konsistorium bewilligte ihm dafür einen Raum auf dem Dachboden über dem Saal des Konsistoriums im Mitteltrakt der Kollegiengebäude. Die Entscheidung, ob Reyher diesen Raum auch für öffentliche Vorführungen benutzen dürfe, behielt sich das Konsistorium vor. Reyher hat dann aus eigenen Mitteln und als sein eigener Handwerker diesen Raum als Camera Obscura hergerichtet und als Ergänzung seiner Vorlesungen oder für private Vorführungen verwendet, wie sie im übernächsten Kapitel „Farbenlehre" beschrieben werden. Das war so ganz die Welt physikalischer Demonstrationen, die er für seinen modernen Unterricht einzusetzen pflegte.

Dieses optische Kabinett konnte Reyher in den Folgejahren nur mühsam erhalten, da er die Betriebskosten und Ergänzungen selbst tragen musste. Andererseits war die Nachfrage groß. Bis zu zwanzig Mal im Jahr hatte er sie vorführen können. Als dann mit dem Rendsburger Rezess von 1675 der Herzog ins Exil gehen musste, wurden die Gehaltszahlungen unregelmäßig, und Reyher war einige Jahre später gezwungen, sein optisches Kabinett zu schließen. Auch der Tod seiner Frau, den er nur so schwer verwinden konnte, mag zu diesem Entschluss beigetragen haben. Erst 1703 hat er ein neues, besser ausgestattetes Kabinett eingerichtet und dort sogar die Fürstenfamilie zu Gast gehabt.

Seine öffentlichen Beobachtungen mit dem Fernrohr hat Reyher jedoch fortgesetzt. Für das Jahr 1676 hat er auf dem Universitätsplatz eine partielle Sonnenfinsternis beobachtet. Er schreibt dazu:

> Man hat auch eine Sonnenfinsternis auf einem öffentlichen Platz beobachtet, die sich am Tag des 1. Juni des laufenden Jahres 1676 ereignete und um 8 h 50 anfing, bis 10 h 45 andauerte und eine maximale Bedeckung von 4 digiti um 9 h 56 erreichte. Von jetzt an wird man diese ergötzliche Aufgabe stetig weiterverfolgen.

Schicksalsschläge

Samuel Reyher hat nur wenig über sein Familienleben und seine Empfindungen schriftlich fixiert. Eine Ausnahme bildet der Brief an seine Familie in Gotha, den er seiner 1679 erschienenen *Mathesis Mosaica*[111] vorangestellt hat. Dort verweist er zunächst auf das Augenleiden, das ihn im Jahre 1675 befallen hatte. Der Brief beschreibt dann die Einzelheiten, die sich zwei Jahre später vor und nach dem Tod seiner geliebten Frau ereignet hatten.

Es ist für den heutigen Leser erhellend, sich einmal die genauen Beobachtungen Reyhers zu medizinischen Details anzuschauen, die er mit der gleichen Akribie durchführt wie seine wissenschaftlichen Experimente. Über sein Augenleiden schreibt dieser:

> Etwa am 5. Januar des Jahres 1675 n. Chr. zeigte sich eine Augenentzündung durch eine Rötung der Lider, verbunden mit Schmerzen der Augen, wenn ich ins Licht oder Feuer schaute, der eine übergroße Menge an Tränen folgte, die zu einer zähen und die Lider verklebenden Masse erstarrte.

> Etwa Mitte März war ich von diesem Symptom befreit. Allerdings befiel ein Katarrh meinen Rachen so stark, dass ich mir nicht nur eine Mandelschwellung zugezogen hatte, sondern auch eine Eiterung ausbrach. Als auf diese Weise die Flüssigkeit anderswohin abgeleitet wurde, haben sich meine Augen erholt.

> Wegen einer dringenden Angelegenheit war ich

jedoch gezwungen, eine Reise zu unternehmen, auf der ein kälterer Wind meine Augen für etliche Stunden so angegriffen hat, dass die frühere Rötung noch heftiger zurückkehrte, welche etwa am vierten Tag, nachdem sie das rechte Auge verlassen hatte, zum linken wanderte, dessen Lid anschwoll und der Augapfel bis zur Cornea von einer blutigen Farbe bedeckt war.

Mit den ärztlichen und wundärztlichen Empfehlungen für eine gute Verdauung, für Dampfbäder der befallenen Stelle, und Schweiß zu treiben, und nach Anwendung verschiedener Salben und Augenwässer, sogar von Niespulver, habe ich soviel bewirkt, dass sich die Schwellung und Farbe des linken Auges erholte, so langsam zog sie sich in das rechte Auge zurück, auf die gleiche Weise, wie sie mich vordem befallen hatte.

Zuletzt, als ich zufällig auf *saccharum album*[112] stieß, nahm ich mehrmals Bröckchen in den Mund und als diese sich auflösten, versiegte allmählich die klare Tränenflüssigkeit, die bis dahin reichlich aus dem befallenen Auge ausgetreten war.

Sogleich fiel mir daher die Geschichte um Jonathan ein, Sohn des Königs Sauls der Israeliten, der aus der Schlacht gegen die Philister zurückkehrte, die auf wundersame Weise geschlagen wurden, und der durch den Verzehr von Honig seine Augen, die zufällig durch Schleim verklebt und schläfrig geschlossen waren, so gereinigt hat, dass sie auffällig glänzten.

Nachdem ich das sorgfältiger durchdacht hatte, habe ich beschlossen, solch eine Behandlung anzuwenden. Sogleich habe ich am ganzen folgenden Tag *saccharum* angewendet und durch dessen Wohltat eben eine *libra medica* oder 12 Unzen[113] Schleim aus den Speicheldrüsen gezogen; und weil ich meinte, diese Schleimabsonderung den Augen zuschreiben zu können, habe ich am dritten Tag wiederum mehr als eine libra Speichel hervorgebracht, und durch dieses einzigartige Jonathansche Heilmittel ist nach kurzer Zeit auch der Normalzustand der Augen wiederhergestellt worden.

Noch interessanter ist der Versuch Reyhers, den Details des Krankheitsverlauf eine naturwissenschaftliche Erklärung zu geben. Hier bietet er sogleich eine Theorie an, die auf seinen Kenntnissen der Hydraulik beruht:

Die Erklärung dieser Heilung kann nicht besser gegeben werden als jene, die aus der Hydraulik erlangt werden kann, und daher habe ich mich an das Abfischen erinnert, das vor etwa 14 Jahren in meiner Heimat durchgeführt wurde, wo, nachdem aus einem Forellenteich alles stehende Wasser durch den Abfluss abgelassen war, ein naheliegender Brunnen, der vormals reichlich viel Wasser in das nächste Becken ergossen hatte, völlig versiegte, weil er doch sein Wasser nicht aus besagtem Teich sondern aus benachbarten Bergquellen beziehen musste. Diesem Sachverhalt kann keine andere Erklärung gegeben werden, als dass der leere Fischteich den benachbarten Quellen sein Wasser entzogen hat.

Mit ähnlicher Logik erinnere ich mich zu beobachten, dass in den Quellen meiner Augen die Tränenflüssigkeit fehlte, nachdem das Reservoir meines Mundes durch die Speichelbildung quasi entleert worden ist. Denn wenn ich nachts öfters aufgewacht bin durch einen Tränenstau im Auge, das mit einer zähen Masse verklebt war, musste ich die Lider in einem der beiden Augenwinkel öffnen, durch dessen Spalte klares Wasser abfloss, das sich manchmal, wenn es nicht abgewischt wurde, zu butternden Schuppen verfestigte.

Durch diese zufällig herbeigeführte Heilung denke ich, dass auf die gleiche Weise durch das Herausziehen von Schleim und Speichel auch andere Leiden gebessert werden können; insbesondere habe ich mich überzeugt, dass Schnupfen und Katarrhe durch Honig oder *saccharum* geheilt werden können. Und bisher hat mich diese Hypothese nie getäuscht.

Zur Untermauerung seiner Theorie führte er zunächst ein umfangreiches Zitat aus Tacitus' *Annalen* an, wo es um die geplante Umleitung des Flusses Chiara in den Arno geht, der Überschwemmungen des Tiber verursachte. Das stützte aber nur seine Beobachtung an den Fischteichen. In medizinischer Hinsicht ist sein Verweis auf den Zeitgenossen Johann Rudolf Glauber erwähnenswert,[114] der empfiehlt, einen Feuerstein in den Mund zu nehmen und dazu etwas Wein, um damit „den Kopf von ungesundem Schleim zu reinigen". Im Herbst 1675 kehrte sein Augenleiden mit noch schwereren Symptomen zurück. Er schrieb: „Dennoch dank des einzigartigen Gottes Gnade haben die Kräfte der Natur die Krankheit überwunden." Bereits im gleichen Jahr hatte er seine Heilmethode unter dem Titel: *epistola de cura oculorum Jonathanis* publiziert und im Anhang der *Mathesis* angefügt.[115]

Die traurigen Ereignisse des Jahres 1677 sind in dem genannten Brief enthalten, der an seine Familie, an seinen Bruder Andreas und an seinen Freund Johann Adam Krebs adressiert ist. Letzterer war ebenfalls Prinzenerzieher am Hofe von Herzog Ernst dem Frommen gewesen und hatte in seiner Funktion als Hofprediger dessen dritten Sohn Bernhard religiös unterwiesen. Aus dieser gemeinsamen Zeit am ernestinischen Hof hatte sich eine lebenslange Freundschaft entwickelt.

Erst jetzt, zwei Jahre nach dem Tod der geliebten Gattin Catharina, fühlte Samuel Reyher sich in der Verfassung, die Einzelheiten seiner Erlebnisse der Familie in der alten Heimat darzulegen. Vorausgegangen war der plötzliche Tod seines Vaters Andreas (am 12. April 1673), an dessen Krankenbett er nicht mehr rechtzeitig kommen konnte. Auch die Nachricht vom Tode seines Gönners und Wohltäters Andreas Winckler (am 27. Mai 1675) schmerzte ihn sehr.

Die Schilderung der Ereignisse beginnt so: Sein Schwiegervater Johann Adolph Beselin hatte sich zu Anfang des Jahres 1677 mit seiner Familie aus Sicherheitsgründen nach Hamburg zu dem dort im Exil lebenden Herzog Christian Albrecht begeben. Im Auftrage des Herzogs sollte Beselin nach Belgien reisen, um dort Verhandlungen zur Wiedereinsetzung des Herzogs in seine ursprünglichen Rechte und Besitztümer zu führen. Samuel Reyher wurde daher gebeten, ihn auf dieser Reise zu begleiten, weil er durch seine Studien in den Niederlanden mit Land und Leuten vertraut war. Samuels Frau Catharina hatte zwar erst im vergangenen Dezember ihr drittes Kind geboren. Sie riet ihrem Ehemann aber gut zu, dieser Bitte nachzukommen und begleitete ihn nach Hamburg.

Die drei Kinder[116] wurden in die Obhut der verwitweten Großmutter[117] gegeben, die auf halbem Wege zwischen Schleswig und Gottorf wohnte. Der Aufbruch nach Hamburg erfolgte kurz nach Ostern, d. h. Mitte April 1677, nach einem außerordentlich kalten und schneereichen Winter. Caeso Gramm hatte in seiner Werbeschrift aufgeführt, dass zwischen Kiel und Hamburg zweimal wöchentlich eine Kutsche verkehre, die den Weg in anderthalb Tagen bewältigen könne.

Am Abreisetag hatte Catharina bei Tagesanbruch noch, wie sie es gewohnt waren, ihrem Samuel eine Bibelstelle vorgelesen. Bei dem Propheten Ezechiel heißt es dort:[118]

> Und das Wort des HERRN geschah zu mir so: Menschensohn, siehe ich nehme die in deinen Augen Begehrenswerteste von dir weg durch plötzlichen Tod: Du aber sollst nicht klagen und nicht weinen und keine Träne soll dir kommen.

Ohne böse Vorahnungen haben die beiden ihre Reise angetreten und sind glücklich in Hamburg angekommen. Dort haben sie einige Tage mit Samuels Schwiegereltern verbracht. Nun stand die zweite Etappe nach Belgien an. Catharina blieb bei ihrer Mutter und ihren Schwestern in Hamburg zurück.

Dann nahm das Unglück seinen Lauf: „Doch kaum erreichten wir die Niederlande, als sich die Gesundheit meines Schwiegervaters verschlechterte, was das ungewohnte Klima und andere Unbequemlichkeiten der Reise sehr verstärkten", schreibt Reyher. Dann erreichte sie die Nachricht aus Hamburg, dass die Schwiegermutter und ihre drei Töchter ebenfalls erkrankt seien. Schlimmer noch, einige Tage darauf erfuhren sie, dass sich bei Catharina die Krankheit sehr verschlimmert habe. Samuel war also in höchster Sorge und hoffte, möglichst rasch die Rückreise antreten zu können. Doch stand er in dem Dilemma, den kranken Schwiegervater nicht allein in der Fremde zurücklassen zu können, wenn er der kranken Frau zu Hilfe eilte. Er entschied sich, bei dem Kranken zu bleiben.

In diesen Tagen der Verzweiflung und des bangen Hoffens hat Samuel Reyher oft Trost in der Heiligen Schrift gesucht, die er in Form einer kleinen Reisebibel stets mit sich führte. Doch dann erreichte sie die Nachricht vom „vorzeitigen aber seligen Hinscheiden" seiner Frau Catharina. Seine Seelenpein schildert er mit den Worten:

Denn ich hatte die Sehnsucht meiner Augen durch diesen plötzlichen Tod nicht nur verloren, sondern ich musste dieses Opfer in der geschuldeten Weise unter Fremden betrauern, durfte aber keine Tränen oder Seufzer von mir geben, weil ich mir vergegenwärtigte, dass diese den Kummer meines Schwiegervaters, der sonst schon genug geschlagen war, noch vermehren und seine Rekonvaleszenz behindern würde [...].

Mit äußerster Geduld, die Gott den Barmherzigen gnädig zugestanden hat, war ich also gezwungen, auf eine allmähliche Wiederherstellung seiner Gesundheit zu warten. Als diese ein wenig gesichert war, kehrten wir um. In welcher Seelenverfassung ich auf der Rückreise war, überlasse ich anderen sich auszumalen, die ähnliches erfahren haben.

Nach Hamburg zurückgekehrt fand er nur noch das leere Totenbett vor. Catharina war am 9. Juni verstorben und ist am 29. Juni im alten Mariendom beigesetzt worden.[119] Von der Mutter und den Schwestern erfuhr er von dem Verlauf der Krankheit, die sich als „malaria tertiana" mit ihren alle drei Tage wiederkehrenden Fieberschüben herausstellte.

Diese Krankheit war in den Gegenden Norddeutschlands mit ihren Marschen, Mooren und großen Flussläufen verbreitet und wurde durch Mücken übertragen. In Schleswig-Holstein, besonders in Dithmarschen, wo die Krankheit als *Eiderstädtiches Marsch- oder Stoppelfieber* bekannt war, hat sie sich nicht selten in bösartigen Epidemien verbreitet.[120] In der Regel, wie bei ihren Schwestern und ihrer Mutter, verlief diese Krankheit nicht tödlich. Jedoch deuten die bei Catharina berichteten Phasen mit Halluzinationen auch auf eine tropische Malaria, die in

Hamburg womöglich durch infizierte Tropenreisende eingeschleppt und ebenfalls durch Mücken verbreitet wurde. Der Frühling und Sommer des Jahres 1677 waren nämlich[121] heiß und gewittrig gewesen mit Hitzerekorden im Juli, was die Mückenplage begünstigte.

Kaum war Samuel Reyher zu seinen Verwandten zurückgekehrt, erkrankte er ebenfalls heftig am Dreitage-Fieber und man bangte auch um sein Leben. Zwei Monate blieb er ans Bett gefesselt.

In der *Mathesis Mosaica* finden wir einen anderen Samuel Reyher, der durch seinen Schicksalsschlag wieder zu der tiefen Religiosität seiner Kindheit zurückgefunden hat. Hier steht nicht mehr der junge Wissenschaftler, der in *De Mundo* mit der Maxime der Kopernikaner noch Wissenschaft und biblische Aussage in zwei disjunkte Kategorien geteilt hat.

Die Angriffe gegen die wortwörtliche Wahrheit biblischer Aussagen hatten seitdem zugenommen, insbesondere durch Benedict de Spinoza in seinem 1670 erschienenen *Tractatus Theologico-Politicus*, in dem er die strikte Trennung von Theologie und Philosophie fordert. Spinoza war 1656 von der jüdischen Gemeinde in Amsterdam wegen Ketzerei exkommuniziert worden. Dessen heftige „mathematische Angriffe" auf die Heilige Schrift musste Reyher abwehren. Für ihn waren Spinoza, und in geringerem Maße Isaac La Peyrère, eine „Schlägertruppe gegen die Heiligen Schrift".[122] Daher meinte Reyher, Bibel und Wissenschaft wieder versöhnen zu müssen. Er suchte deshalb eher nach Gemeinsamkeiten zwischen Bibel und Mathematik, indem er in den Büchern Mose alle Stellen anspricht, die Zahlenangaben oder technische Aspekte enthalten.

Das entspricht einerseits dem herrschenden Zeitgeist, der die Wissenschaften durch ihren Nutzen für die Theologie rechtfertigte. Andererseits eigneten sich Bibeltexte dabei aber auch als ein Transportmittel, um wissenschaftliche Erkenntnisse zu verbreiten. Eingestreute Kuriositäten dienten dazu, die Aufmerksamkeit des Lesers wachzuhalten.

Viele Kapitel der *Mathesis* sind aus Disputationen hervorgegangen. Diese zeigen, wie Reyher seinen Mathematikunterricht an einzelnen, herausgegriffenen Beispielen illustriert hat. Man muss sich erneut klar machen, dass zu seiner Zeit das Studium der Mathematik und ihrer Anwendungen nur eine Hilfswissenschaft war. Ein eigentliches naturwissenschaftliches Studium gab es noch nicht. Seine Studenten mussten sich also aus dem Angebot, das über den Pflichtkanon von Arithmetik und Geometrie hinausging, das für ihre spätere Studienrichtung Nützliche herauspicken oder mit dem Gebotenen ihren Horizont für künftige kluge Gespräche erweitern.

Der Bildungsstand seiner Leser war wohl eher gering. Er scheute sich also nicht, an geeigneter Stelle das schriftliche Multiplizieren noch einmal vorzuführen oder Additionen mehrstelliger Zahlen nicht nur im Text zu erwähnen, sondern als Rechenschema daneben zu stellen.

Anspruchsvoller wird es dann bei seiner Rekonstruktion des Baus der Arche Noah. Zitate aus der heiligen Schrift führt er in Hebräisch oder Griechisch mit wörtlicher Übersetzung ins Latein an, damit seine Studenten folgen können. Bevor es an die Konstruktion der Arche geht, diskutiert Reyher erst einmal die verschiedenen Maßsysteme für Längeneinheiten. Die Arche soll 300 Ellen lang sein. Welche von den drei verschiedenen Ellen (lat.: *cubitus*) ist denn da gemeint? Der *cubitus vulgaris* zu 6 Handbreiten entsprechend 24 Fingerbreiten? Oder der *cubitus sanctus* aus sieben Handbreiten? Oder doch der ägyptische *cubitus geometricus*, der das Sechsfache des *cubitus vulgaris* darstellt? Es folgen Konstruktionszeichnungen und allgemeine Diskussionen über die Schwimmlagen verschiedener Objekte.

Im Zusammenhang mit Noah und dem Bund Gottes mit den Menschen (Gen. Kap. 9) diskutiert er Descartes'

Theorie des Regenbogens. Oder, vom Sabbat, dem siebten Tag der Woche, spannt er einen Bogen zur Konstruktion regelmäßiger Siebenecke. Er kannte seinen Kepler gut, der in seinen *Harmonices Mundi* das erste Buch den regelmäßigen Figuren gewidmet hatte.

So geht es weiter durch die Konstruktion des Tempels Salomos, die Errichtung des Turms zu Babylon, den Hausbau in Ägypten, die Gestaltung von Schriftzeichen und Notensymbolen usw., alles ergänzt mit vielstelligen Zahlenrechnungen. Dieses kuriose Buch birgt noch Schätze für tiefsinnige philologische Studien.

Farbenlehre

Unter den physikalischen Themen, die Reyher in der Mathesis Mosaica anklingen lässt, ragt der Abschnitt VII *De Iride* (über den Regenbogen) durch seinen Umfang von 39 Seiten und den hohen wissenschaftlichen Anspruch heraus. Der Kern dieser Schrift war vermutlich als eigenständige Dissertation konzipiert gewesen. Infolge der genannten tragischen Ereignisse ist er wohl nicht separat publiziert, sondern in das Buch aufgenommen worden. In den Vorlesungsverzeichnissen finden sich jedenfalls keine Hinweise, dass ein Student hierzu disputiert hat. Reyher hatte allerdings im Sommersemester 1678 angefangen, privatim Vorlesungen über Optik zu halten und in den Wintersemestern 1678/79 und 1680/81 fortgesetzt. Der theologische Kontext ist im Umfang gegenüber der naturwissenschaftlichen Diskussion nachrangig. Er diente zunächst nur als Anknüpfungspunkt an die Schilderung im ersten Buch Mose, Vers 9, wo Gott nach der Sintflut den „Bogen" zum Zeichen des Bundes mit den Menschen erklärt.

Reyher konstatiert zunächst, dass ohne Zweifel unter dem genannten Bogen ein Regenbogen zu verstehen sei. Bereits Aristoteles hat zum Regenbogen erklärt, dass dieser durch Reflexion am Wasser der Regenwolke entsteht, wobei sich die Sonne im Rücken des Betrachters befindet. Zeitgenössische aristotelische Philosophen, wie der Schotte Gilbert Jack (1578–1628), haben vermutet, dass die dunkle Regenwolke konkav sei und dadurch wie ein Hohlspiegel wirke. Diese Vorstellung lehnt Reyher ab, sondern verweist auf die Vorstellung, die auf Descartes zurückgeht,[123] dass der Regenbogen durch eine oder zwei Refle-

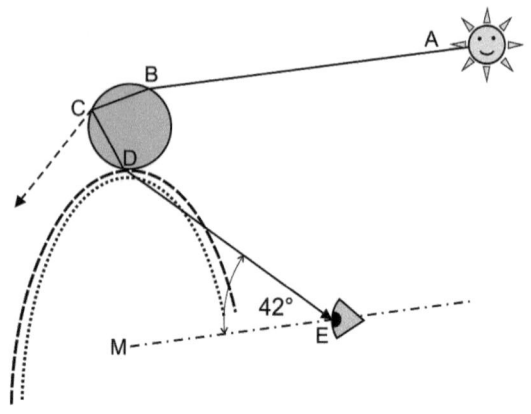

Abbildung 10 Strahlengang beim Hauptregenbogen. Der Sonnenstrahl fällt nach einmaliger interner Reflexion im Wassertropfen in das Auge des Betrachters.

xionen im Inneren von kugelförmigen Regentropfen entsteht (Abb. 10). Descartes ist dem Prinzip des Regenbogens auf die Spur gekommen, als er den Strahlenverlauf in einem mit Wasser gefüllten, kugelförmigen Glaskolben studiert hat.

Wenn ein Sonnenstrahl den Tropfen bei B trifft, wird er gebrochen und trifft bei C wieder auf die innere Oberfläche des Tropfens. Dort wird ein Teil des Strahls reflektiert. (Dass hier auch der restliche Teil aus dem Tropfen austritt, kann man in der Praxis nicht beobachten, da er vom Betrachter fortläuft und sich nicht vom intensiven Sonnenlicht abhebt.) Der reflektierte Strahl erreicht den Punkt D, wo der austretende Strahl an der Grenzfläche gebrochen wird und letztlich auf das Auge des Beobachters E trifft. Dieser Strahl DE bildet mit der Einfallsrichtung einen Winkel von etwa 42 Grad, der den Hauptregenbogen definiert.

Da die Sonnenstrahlen infolge der großen Entfernung

der Sonne praktisch zueinander parallel sind, gilt diese Analyse für alle am Regentropfen reflektierten Strahlen, die mit der Achse des Regenbogens EM den Winkel von 42 Grad bilden und somit auf dem Mantel eines Kegels liegen. Somit hat der wahrgenommene Regenbogen die Form eines Kreisbogens. Da wie beim Prisma eine Farbzerlegung erfolgt, erstreckt sich das Farbspektrum über einen Bereich. Dieser ist durch den gestrichelten (für die Farbe Rot) und den gepunkteten Bogen (für die Farbe Violett) angedeutet.

Der Regenbogen ist allerdings kein Objekt, das sich in einer festen Entfernung befindet, sondern entsteht im Auge des Beobachters. Es gibt somit nicht *den Regenbogen*, sondern genau so viele Regenbögen wie Beobachter. Schon der Mönch Vitello, Verfasser eines Buches über Optik aus dem 13. Jahrhundert, wusste, dass der Regenbogen sich mitbewegt, wenn man auf ihn zugeht oder sich zur Seite bewegt. Der oft zitierte Schatz, der am Fuße des Regenbogens vergraben sein soll, bleibt damit für immer unauffindbar.

Damit sich der Regenbogen hoch erhebt, muss die Sonne tief stehen. Somit sind Regenbögen im Sommer meistens nur wenige Stunden vor Sonnenuntergang zu beobachten. Erst wenn in Kiel (54° nördlicher Breite) im Herbst die Mittagssonne nur noch 36 Grad über dem Horizont erreicht, erscheinen Regenbögen auch am Vormittag oder Nachmittag mit geringer Erhebung über den Horizont.

Descartes' Theorie des Regenbogens ist deshalb so überzeugend, weil sie auch das Auftreten eines Nebenregenbogens zwanglos erklären kann. Dieser entsteht durch zweimalige innere Reflexion im Wassertropfen (Abb. 11). Hier wird der bei G eintretende Strahl gebrochen und bei H und I reflektiert, um dann bei K auszutreten. Dieser Strahl erreicht das Auge L des Betrachters unter einem größeren Winkel von etwa 52 Grad. Da an den Punkten H und I bereits ein Teil des Strahls ausgetreten ist, hat der Ne-

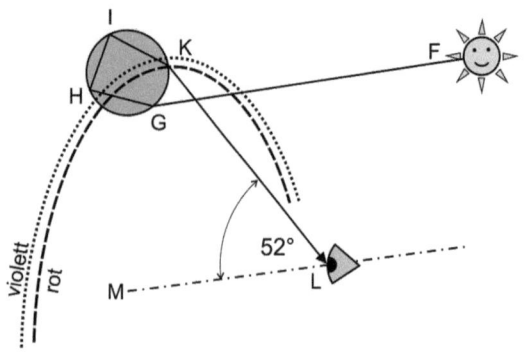

Abbildung 11 Strahlengang beim Nebenregenbogen mit zweifacher interner Reflexion des Strahls.

benregenbogen eine geringere Leuchtkraft als der Hauptbogen. Eine dreifache innere Reflexion führt jedoch zu einem Austritt des Strahls auf der vom Betrachter abgewandten Seite und kann daher praktisch nicht beobachtet werden. Gilbert Jack hat spekuliert, dass es doch möglich sei, diesen dritten Bogen zu sehen, wenn sich der Beobachter zwischen zwei dunklen Regenfronten befände und in Richtung auf die Sonne schaue. Dass es für die Beobachtbarkeit eines Nebenregenbogens auf einen hohen Kontrast ankommt, hat schon Aristoteles festgehalten: Vor der schwärzesten Wolke entsteht der bei weitem klarste Regenbogen.[124]

Descartes beschreibt, dass die an seiner Wasserkugel beobachtete Farbzerlegung der Reihenfolge entspricht, die man auch beim Regenbogen beobachtet. Der Hauptregenbogen ist am Außenrand rötlich, dann folgen Gelb, Grün, Blau und zuletzt Violett am Innenrand. Beim Nebenregenbogen, der den Hauptregenbogen außen umgibt, ist die Farbfolge genau umgekehrt. Auch diese Eigenschaft wird durch die umgekehrte Geometrie des Strahlengangs erklärt, bei der für die zweifache Reflexion der einfallende

Strahl auf der unteren Hälfte des Regentropfens einfallen muss, während er bei einfacher Reflexion in die obere Hälfte eintritt. Dadurch kehrt sich die Farbfolge um.

Reyher ist es nach der Vorstellung des Modells von Descartes ein besonderes Anliegen, seine eigene Entdeckung des „Luftspiegels" (*speculum aërium*) zu erläutern, die er bereits am Ende seiner Schrift *De Aëre* von 1670 dargelegt hatte. Als Spiegel wurden im eigentlichen Sinne nur polierte Metallflächen, z.B. aus Silber angesehen. Aber auch andere polierte Oberflächen von undurchsichtigen Körpern zeigten eine Spiegelung. Selbst eine Wasseroberfläche, eine Glasplatte oder geschliffene Edelsteine erzeugten Spiegelungen. Diese erklärt Reyher durch den Kontakt mit der umgebenden Luft, die diese Wirkung hervorrufen soll. Ebenfalls sollen seiner Meinung nach die Farben des Regenbogens an dieser Grenze entstehen. Dadurch wird verständlich, dass am sekundären Regenbogen eine Umkehr der Farbreihenfolge erfolgt. Auch aus moderner Sicht hat er dabei Recht gehabt, weil es auf den von der Lichtwellenlänge abhängigen Brechungsindex des Wassers ankommt, der den Brechungswinkel bestimmt. Allerdings geschieht das gleichermaßen beim Lichteintritt in den Tropfen und die Effekte verstärken sich. Eine tiefer gehende Begründung, wie dieser Effekt zustande kommen soll, kann Reyher allerdings nicht geben, sondern er verweist darauf, dass er eben diese Eigenschaft schon oft experimentell in seiner Camera Obscura vorgeführt habe.

Nach der geometrischen Theorie des Regenbogens kommt Reyher auf allerlei Sonderformen von Regenbögen zu sprechen. Manchmal kommt es zu verformten Bögen, die nicht kreisförmig sind. Hierzu hatte Descartes vorgeschlagen, dass der Wind die Kugelform der Tropfen verändert haben könne. Reyher zitiert auch das ausführliche Kompendium über Regenbögen *Thaumantias liber de arcu caelesti* von 1640 des böhmischen Mediziners und anerkannten Naturforschers Johannes Marcus Marci, der vermutet hat, dass die Verformung des Regenbogens durch die Gestalt der Regenfront mit Anteilen in verschiedener Entfernung bedingt sei und daher die beiden Enden des Regenbogens verschieden erschienen. Marcus Marci bleibt somit ein Anhänger der Vorstellung, dass Regenbögen reale Objekte in bestimmter Entfernung darstellen. Beide Erklärungsansätze lassen den Einfluss von der Fata Morgana ähnlichen Luftspiegelungen außer Betracht, die damals gar nicht verstanden wurden.

Kopfstehende Regenbögen können entstehen, wenn das Sonnenlicht vor der Regenfront auf einer Wasserfläche gespiegelt werden und somit das Spiegelbild der Sonne unter dem Horizont liegt. Die obere Hälfte des eigentlich vollständigen Kreises erscheint abgeschnitten zu sein, da dort keine Wassertropfen sind. Auch können bei tiefstehender Sonne gewöhnliche und kopfstehende Regenbögen gleichzeitig beobachtet werden, wobei sich die Spitzen berühren.

Die von Reyher diskutierten theologischen Aspekte, ob der in der Genesis beschriebene Bogen physikalisch erklärt werden kann oder übernatürlichen Ursprungs ist, übergehe ich hier.

Der zweite Themenkreis dieser Dissertation behandelt die Natur der Farben. Bevor man die Existenz von Atomen, Molekülen und ihrer Spektren kannte, die erst von Gustav Kirchhoff und Robert Bunsen im 19. Jahrhundert erforscht wurden, versuchte man zu Reyhers Zeiten, zumindest die vielfältigen Beobachtungen zu ordnen und zu systematisieren. Auch die Natur des Lichtes war noch unbekannt. Zumindest wusste man, dass der Sehvorgang durch das Entstehen eines Bildes auf der Innenseite des Auges mittels einer Linse bedingt ist. Aristoteles' Vorstellung, dass vom Auge Sehstrahlen ausgehen würden, war bereits überholt.

Gefärbte Flammen wurden schon von dem Jesuiten Athanasius Kircher (1602–1680) experimentell untersucht, der die Regel aufstellte, dass die Farbe der Flamme der Farbe des hinzugefügten Stoffes gleich sei. Dazu führt er eine Reihe von Beispielen auf, die diese These zu bestätigen scheinen. Aber dabei bewahrheitet sich, dass keine Regel ohne Ausnahme ist. Zum Beispiel wird die farblose Spiritusflamme bei Zugabe von weißem Kochsalz gelb gefärbt. Die Pyrotechniker wussten außerdem, durch welche Zugaben die herrlichsten Farben erzeugt werden können: Schwefel ergibt Gelb, Campher Weiß, Kolophonium Rot.

Die Frage nach der Natur des Lichtes und seiner Farbe entzündete sich am stärksten bei der Rolle von Schwarz. Ist Farbe ein Attribut, mit dem man Lichtstrahlen wie mit Malerfarbe anmalen kann? Dem stand entgegen, dass man weißes Licht mit dem Prisma in einzelne Farben zerlegen kann. Ist dann Schwarz einfach das Gegenteil von Weiß? Oder ist Schwarz überhaupt eine Farbe?

Robert Boyle hatte dazu festgestellt, dass eine weiße Fläche Licht reflektiert, und weil Schwarz das Gegenteil von Weiß ist, eine schwarze Fläche Licht absorbieren müsse. Dessen erstes Experiment beweist dieses wie folgt: ein Hohlspiegel aus schwarzem Marmor mit fein polierter Oberfläche ist nicht in der Lage, etwas Papier zu entzünden, das in seinen Fokus gebracht wird. In einem zweiten Experiment wurde eine Fläche zu einem Drittel weiß, im zweiten Drittel rot und im letzten Drittel schwarz angestrichen. Wenn man es der Sonne aussetzte, erwärmte sich die weiße Fläche wenig, die rote schon stärker und die schwarze am meisten. Das zeigte, wie Sonnenlicht durch dunkle Farben, insbesondere Schwarz, absorbiert wird. Anekdotisch fügte Reyher hinzu, dass man in südlichen Breiten rohe Eier kochen könne, indem man sie schwarz anstreicht und einfach in die Sonne legt.

Reyher vertrat die Auffassung, dass Schwarz schlichtweg die Abwesenheit von Licht bedeute. Somit sei Schwarz keine Farbe. Interessant ist seine Argumentationslogik. Er betont nämlich, dass man diesen Sachverhalt auf eine neue

Art experimentell beweisen könne und dafür hatte er seine Camera Obscura.

Sein Experiment lief wie folgt ab: Zuerst projizierte er ein Bild der Umgebung auf eine große weiß gestrichene Tafel, in dem Gegenstände und Personen scharf und farblich abgesetzt dargestellt wurden. Wenn er nun durch eine zweite Öffnung im Dach etwas Himmelslicht von den strahlend weißen Wolken zusätzlich auf das Bild fallen ließ, änderten sich die Farben nicht, sondern sie verblassten nur. Allein das Schwarz wurde vom Weiß des Himmels überdeckt. Das sah Reyher als einen Beweis seiner Hypothese an. Als Grund für das Verschlucken des Lichtes durch einen schwarzen Gegenstand nahm Reyher eine poröse Struktur der Oberfläche an, in der sich das Licht verirrt.

Die Erwähnung seiner Camera Obscura benutzt Reyher gleich dazu, dem Leser einen Katalog seiner darin durchgeführten Experimente vorzustellen. Dieses ist die einzige spezifische Quelle, aus der wir Details seiner optischen Experimente kennen. In der Aufzählung fehlt allerdings ein Hinweis auf Versuche zum Regenbogen, wie sie Descartes vorgenommen hat. Wenn er solche Experimente selbst durchgeführt hätte, wären sie ihm bestimmt der Erwähnung wert gewesen. Die gewählte Reihenfolge ist vermutlich auch der Ablauf seiner Demonstrationen gewesen. Ein Besuch seines optischen Kabinetts könnte somit wie folgt abgelaufen sein:

Das optische Kabinett befand sich in einem Raum des Dachbodens über dem Sitzungssaal des Konsistoriums im Südflügel der Universitätsgebäude. Reyher steigt als erster die steile Holztreppe hinauf, die durch eine Bodenklappe in den Dachraum führt. Dort oben ist es sehr warm, da die Sonne intensiv auf das Dach geschienen hat. Auf der Ostseite fällt durch eine Luke Licht herein. Durch diese blickt man auf den Universitätshof, den davor liegenden Platz, die sich anschließenden Gärten und den Stadtgraben. Auf dem Weg am Stadtgraben und auf der gegenüber liegenden Brunswiker Seite kann man Personen, Pferde und Wagen sehen. Auch das Kieler Schloss liegt im Sichtfeld.

Auf der Dachseite gegenüber der Luke ist eine große, weiß lackierte Holztafel angebracht. Der Boden, die Wände und die Dachbalken sind alle schwarz gestrichen. Gegenüber dem Eingang hat Reyher auf zwei Tischen verschiedene optische Geräte aufgebaut. Auch unterhalb der Luke liegen auf einem Tischchen griffbereit diverse Linsen und farbige Gläser.

Nachdem seine Besucher alle in der Dachkammer angekommen sind, wird die Bodenklappe geschlossen und Licht fällt nur noch durch die Luke herein. Die Augen der Besucher sind von dem hellen Sonnenlicht noch geblendet, das draußen herrschte und auch den Sitzungssaal des Konsistoriums durch die Fenster erhellt hat. Jetzt gewöhnen sie sich langsam an das Dämmerlicht der Bodenkammer und Reyher beginnt mit einer kurzen Erklärung der Geräte und ihrer Namen.

Dann verschließt er die Luke, so dass es stockfinster im Raum wird. Nur durch ein kleines, rundes Loch im Lukendeckel von weniger als Fingerbreite tritt noch Licht herein. Ein Ah und Oh geht durch den Raum, als die Augen der Besucher sich an die völlige Dunkelheit angepasst haben und auf der weißen Tafel ein Bild der Umgebung entsteht. Aber in dem Bild steht ja alles auf dem Kopf! Wer das nicht schon einmal gesehen hatte, ist völlig verwundert. Lustig ist es anzusehen, wie sich die Bilder der Personen ganz natürlich bewegten.

Jetzt vergrößert Reyher die Öffnung in der Luke und fügt eine flache konvexe Linse ein. Schon wird das Bild auf der Tafel viel heller und sichtbar schärfer. Als er eine zweite gleichartige Linse zusätzlich davor hält, ist das Bild plötzlich unscharf. Reyher bittet einen der Anwesenden, eine kleinere weiße Tafel in den Strahlengang zu halten und zu ihm zu kommen. Siehe da, ein scharfes aber kleineres Bild entsteht nunmehr in der halben Entfernung zur großen Wandtafel. Das Spiel setzt er fort mit einer anderen Linse, die das Bild noch näher heran holt, wo es noch heller aber wiederum kleiner ist. Selbst, wenn er das Zentrum der großen Linse mit einer Kartonscheibe abdeckt, so dass das Licht nur durch den ringförmigen Rand der Linse fällt, entsteht ein scharfes Bild. Reyhers Lehrsatz lautet: „Eine konvexe Linse erzeugt ein kopfstehendes Bild."

Wenn das ein generelles Gesetz ist, dann muss man doch auch das kopfstehende Bild auf der großen Tafel der Camera Obscura wieder aufrichten können. Gesagt, getan. Reyher erzeugt wieder mit der Einzellinse das große Umgebungsbild. Jetzt nimmt er ein kleines Fernrohr und hält es in den Strahlengang. Dieses erzeugt einen kleinen, hellen und kreisrunden Lichtfleck auf der Tafel, in dem jetzt wieder ein aufrechtes Bild der Umgebung zu sehen ist. Die Zuschauer ergötzen sich an den Aktionen der Personen in Lilliputland. Dann verändert Reyher die Einstellung des Fernrohres und zeigt, dass man dadurch das Bild auch größer machen kann.

„So ein kopfstehendes Bild entsteht auch im menschlichen Auge", doziert Reyher.

Dazu holt er eine kleine tragbare Camera Obscura herbei. Diese hat auf einer Seite eine Linse, die auf der gegenüber liegenden Seite ein scharfes Bild erzeugt. Eine Seitenwand ist offen. Reyher stellt diese Camera so auf einen Tisch, dass er mit einem Spiegel das durch die Lukenöffnung eintretende Licht auf ein Figürchen lenken kann, das einige Handbreit vor der Camera steht. Die staunenden Beobachter sehen jetzt, dass die Camera, wie vorhergesagt, ein kopfstehendes Bild des Figürchens erzeugt. „Von jedem Gegenstand außerhalb der Camera entsteht ein kopfstehendes Bild. Genau dasselbe passiert in Eurem Auge", bestätigt Reyher.

Dann führt Reyher seine Laterna Magica vor. Hierzu

wird der Raum wieder vollständig verdunkelt. Eine Kerze beleuchtet über einen Hohlspiegel eine Glasscheibe von etwa drei Zoll Abmessung, auf der in schwarz der Umriss einer Person aufgemalt ist und deren Flächen mit verschiedenen transparenten Farben ausgefüllt sind. Eine konvexe Linse wirft von diesem durchscheinenden Objekt ein Bild auf die Tafel, das umso größer wird, je weiter der Abstand zwischen Linse und Tafel gewählt wird. Die Zuschauer sind entzückt und betrachten eine ganze Serie von Glasbildern. Reyher fasst die Beobachtung in dem Lehrsatz zusammen: „Konvexe Linsen können vergrößerte Bilder erzeugen."

Dann kommt ein Höhepunkt seiner Schau: das Mikroskop, das ein Höchstmaß an Vergrößerung ermöglicht. Sein Kollege Major hat ihm dazu einige Insekten und Käfer aus seiner Sammlung zur Verfügung gestellt. Jetzt darf jeder einmal einen Blick durch das Mikroskop werfen und die Facettenaugen der Biene, die Antennen und Mandibeln der Käfer und ihre behaarten Beine betrachten. Eine fremdartige Welt, teils erschreckend, aber auch schön. „So kann man aus einer Mücke einen Elefanten machen", pflegt er an dieser Stelle anzufügen.[125]

Zum Abschluss der Demonstrationen zeigt Reyher, welche Farbenspiele man mit einem Glasprisma erzeugen kann. Sein Porzellanfigürchen kann er in alle Farben des Regenbogens tauchen, was alle Betrachter entzückt. Dann kommt sein Schalk zum Vorschein, indem er die Gesichter mit dem Farbspektrum beleuchtet, insbesondere die der anwesenden Damen. Da wird aus einem hübschen Gesicht schnell eine rote oder blau-violette Fratze.[126]

Dann ist es Zeit, die Verdunklung an der Luke zu entfernen, der Raum erhellt sich wieder und die Besucher spenden reichlich Applaus für die eindrucksvolle Demonstration, bevor sie die Dachkammer wieder über die steile Stiege verlassen. So endet die Vorführung.

Reyhers Vorgehensweise zur Erforschung des Lichtes war zu seiner Zeit hochmodern. Zu der Systematisierung der Erscheinungen in die Unterabteilungen der Optik, wie sie schon Major in seiner *See=Fahrt* dargelegt hatte, trat nun die experimentelle Demonstration als Beweismittel für neue Theorieansätze. Es sollte allerdings noch zwei Jahrhunderte dauern, bis man begann, die wahre Natur des Lichtes als elektromagnetische Welle und später als Lichtquanten zu verstehen. Aber die Methodik, die Wahrheit der Theorien durch Experimente zu beweisen, hat sich im Kern bewährt. Man denke nur an die Versuche von Heinrich Hertz zur quasi-optischen Ausbreitung kurzwelliger elektromagnetischer Wellen oder an die Entdeckung des lichtelektrischen Effekts durch Alexandre Becquerel. Nachdem Hertz im Jahre 1886 eigene Beobachtungen zum lichtelektrischen Effekt angestellt hatte, führte Wilhelm Hallwachs auf dessen Anregung diese Experimente systematisch fort, die schließlich zu Einsteins Vorstellung von Lichtquanten führte.

Wetter und Wasser

Nach dem Tod seiner geliebten Frau hat sich Samuel
Reyher nicht wieder verheiratet. Auf die Veröffentlichung
der Mathesis Mosaica folgte eine lange Phase, in der er
nichts mathematisches oder naturwissenschaftliches ge-
schrieben hat. Erst 1688 folgte die Beschreibung seiner
Rechenstäbchen. Im Jahr 1683 war er zusätzlich zu seinem Ordinariat an der Philosophischen Fakultät zum or-
dentlichen Professor der Institutionen an der Juristischen
Fakultät ernannt worden. Bereits seit 1672 war Reyher
dort außerordentlicher Professor ohne bestimmten Lehr-
auftrag und ohne Gehalt gewesen.[127] Nunmehr bekam er
als Ordinarius einen Anteil an den Gebühren, die die Juristische Fakultät von ihren Studenten erhob. Was aus seiner
jungen Familie wurde, ist im Detail nicht bekannt. Eine
naheliegende Vermutung ist die Betreuung durch eine der
Schwestern seiner Frau.

Anscheinend hat sich Reyher in den dazwischen liegenden Jahren häufig in seiner alten Heimat Gotha aufgehal-
ten. Darauf deutet die Verleihung des Titels *Herzoglicher
Rat* im Jahr 1686 durch Herzog Friedrich I. hin, dessen Informator er einst gewesen war. Ferner hat er sich mit der
Geschichte Thüringens beschäftigt und 1692 eine Schrift
veröffentlicht,[128] an der er nach eigenen Angaben 22 Jahre
lang geforscht hat. Darin findet sich eine bebilderte Ge-
nealogie der Fürstenhäuser anhand von Inschriften und
Darstellungen auf Grabmälern. Seine enge freundschaftliche Beziehung zu Herzog Friedrich kann man der Wid-
mungsseite entnehmen, die er mit „Principi ac Domino
Meo Clementissimo, S." beschlossen und dort nur seinen

Vornamen als Kürzel anfügt hat.

Seine naturwissenschaftlichen Studien hatten ihn inzwischen in Europa bekannt gemacht. Seine Abhandlung *De Aëre*[129] von 1670 hatte drei Jahre später bereits eine dritte Auflage erreicht. Darin beschreibt er die zu seiner Zeit bekannten Eigenschaften des Elements Luft. Die Komprimierbarkeit der Luft, das Vakuum in den Magdeburger Halbkugeln, der Bau des Quecksilberbarometers und artesische Brunnen werden darin diskutiert. Auch der Einfluss von Wärme und Kälte sowie der Bau von Thermometern kommt zur Sprache. Diese Abhandlung ist auch dem großen Leibniz bekannt gewesen, der sich an Reyher als einen Experten auf diesem Gebiet gewandt hat und ihn um Mithilfe bei regelmäßigen meteorologischen Messungen bat. In seinem Brief[130] (in Latein) vom 12. August 1679 heißt es:

Jener, mein Freund aus Paris namens Mariotte, der ein herausragender Mann in der Naturforschung ist, sammelt Beobachtungen des Barometers und wünscht sich weitere [Daten] zu bekommen: die in Deutschland zur selben Zeit erfasst werden, zu der er seine in Frankreich ausgibt. Er wünscht sich außerdem Beobachtungen an verschiedenen Orten in Deutschland und möchte die Windrichtung und den Zustand der Luft, sowie den Grad von Wärme oder Kälte, den das Thermometer zeigt, notiert haben. Weil ich ja aus Deiner höchst eleganten Schrift De Aëre erkenne, dass Du in diesen Dingen genauso neugierig und kundig bist, habe ich gehofft, dass man Dir die Verantwortung für einige Messungen übertragen kann. Die Arbeit mit dem Barometer und Thermometer ist dabei ganz einfach: Deine Aufgabe wird es sein, nur dreimal am Tag einen Blick auf diese Instrumente zu werfen: morgens, mittags und abends: damit nämlich in einer Tabelle aufgezeichnet werden die Gradzahl des Thermometers, die Windrichtung, der Luftzustand, z. B. heiter, regnerisch etc. Wenn Du diese Aufgabe übernehmen würdest, würdest Du nicht nur die Wissenschaftsgemeinde und insbesondere mich in Schuld nehmen, sondern auch den berühmten Mariotte, der einen solchen Dienst öffentlich anerkennt.

Reyher ist gern auf diesen Vorschlag eingegangen. Für die nächsten 34 Jahre hat er Temperaturaufzeichnungen gemacht und Ablesungen seines Hygrometers und Barometers hinzugefügt. Von diesen wertvollen Daten ist leider fast nichts erhalten geblieben. Allein eine Tabelle der niedrigsten Wintertemperaturen in diesen 34 Jahren findet sich in der 1713 erschienenen Neuauflage von *De Aëre*.[131]

Reyher verwendete ein mit gefärbtem Weingeist gefülltes Thermometer, das aus einer Kugel von 2 Zoll Durchmesser (ca. 50 mm) und einem angesetzten engen Rohr besteht. (In der 1670er Ausgabe von *De Aëre* erwähnt er noch eine Konstruktion mit 1/2 Zoll Kugel und 15 Zoll langer Kapillare.) Daran ist eine Skala mit 100 Teilen angebracht, deren Nullpunkt bei starkem Frost erreicht wurde. 45 Grad seiner Skala entsprachen bei ihm mäßig warmer Luft (*aër temperatus*). Eine sorgfältige Studie[132] historischer Wetterereignisse anhand des strengen Winters 1708/09 erlaubt eine Identifizierung des Nullpunktes der Reyherskala bei -11,7 °C und 80 Grad Reyher bei +25.7 °C.

Interessant an Reyhers Aufzeichnungen der niedrigsten Wintertemperaturen ist die Auswirkung der sogenannten „Kleinen Eiszeit", die in der zweiten Hälfte des 17. Jahrhunderts Europa bitterkalte Winter und verregnete Sommer beschert hatte. Extreme Kälte mit Temperaturen unter Null des Reyherschen Thermometers hat er aber nur für 1684, 1685 und 1709 aufgeführt. Im Januar 1684 waren sogar die norddeutschen Flüsse zugefroren. Eine Ausnahme bildete der Winter 1695/96, der ungewöhnlich mild war und dem sich in Deutschland laut Schnurrers Chronik ein warmer Sommer anschloss.[133] Es ist erstaunlich, dass bei Reyher der folgende Winter 1696/97 keine Rekorde aufweist, der in ganz Europa sehr kalt war, insbesondere in den Monaten Januar bis März 1697.[134] Für den 2. Januar 1697 notierte Reyher um 9 Uhr vormittags allerdings eine Temperatur von $8\frac{1}{2}$ Grad (-7,7 °C). Genau in diesem Winter hat Samuel Reyher ein interessantes Experiment durchgeführt, das Einblick in seine immer präziser werdende wissenschaftliche Methodik gibt. Das kann sich etwa so zugetragen haben:

Es war die letzte Woche des Kieler Umschlags 1697. Die Kälte dauerte schon einige Wochen an. Sie war aber erträglich geworden, weil der sonst so schneidende Wind ausblieb. Jetzt merkte man bereits, dass die Tage wieder länger wurden. Die Kieler Förde war noch mit einer dicken Eisschicht bedeckt. Für die Gutsbesitzer war der Umschlag eine Phase der Erholung, in der sie nach einsamen Wochen auf ihren Gütern wieder mit ihresgleichen zusammenkommen konnten. Die Versorgung des Viehs lag in den Händen der Frauen.

Man redete über Geschäfte, die magere Ernte, steigende Preise und die politischen Verhältnisse nach dem Tod des Herzogs, der vor zwei Jahren verstorben war. Seine Witwe Friederike Amalie hatte ja nun auf dem Kieler Schloss ihren Alterswohnsitz bezogen. Nach dem langen Exil des Herzogs war das Schloss ziemlich heruntergekommen. Da musste die Witwe viel Geld hineinstecken, um es wieder standesgemäß bewohnbar zu machen. Aber trotz der hohen Staatsschulden hatte sie ja ihr eigenes Vermögen bewahren können. Auch für Kultur hatte sie viel übrig: Jetzt gerade zum Umschlag hatte sie aus Hamburg sogar eine Opernaufführung nach Kiel geholt. Aber das waren die

Hamburger ihr wohl schuldig gewesen, nachdem sich ihr verstorbener Gatte Christian Albrecht so sehr für den Bau der Oper am Gänsemarkt eingesetzt hatte.

Für Samuel Reyher bot diese Woche des Umschlages wieder die Gelegenheit, mit seinem Freund, dem Gutsbesitzer Paul Kohlblatt, über Physik zu diskutieren. Dieser hatte vor acht Jahren das Gut Schrevenborn erworben, das davor für mehr als 70 Jahre im Besitz der Herren von Rantzau gewesen war. Für Reyhers Messarbeiten im Feld hatte Kohlblatt ihm schon öfter Landarbeiter zur Seite gestellt, so bei der Höhenvermessung der Schwentine. Reyher schätzte den fast zwanzig Jahre jüngeren Gutsherrn wegen seiner Wissbegier in allen Fragen angewandter Physik. Dieser konnte sich auch für Astronomie begeistern und besuchte gelegentlich Reyhers öffentliche Demonstrationen.

Jetzt hatte Reyher wieder ein neues Projekt, bei dem er Hilfe seines Freundes brauchte. Die Nachricht hatte sich verbreitet, dass die Engländer – insbesondere Robert Boyle – dabei waren, die Zusammensetzung des Meerwassers zu erkunden. Die zugefrorene Förde bot dafür jetzt eine gute Gelegenheit, auch in Kiel solche Experimente durchzuführen. Fischer hatten bereits Löcher ins Eis geschlagen um Eisangeln zu betreiben. Sie berichteten, dass die Eisdecke gut einen Fuß dick sei. Darauf konnte man ohne Gefahr einzubrechen spazieren. Die Kieler hatten sogar Eisschlitten benutzt, um mit Hilfe von Eispiken in gemächlicher Fahrt die Förde zu überqueren. Das war zur Zeit das beste Verkehrsmittel. Schiffe waren im Hafen festgefroren und die kleinen Boote, die man im Sommer zur Überquerung benutzte, lagen an Land.

Der Umschlag ging mit dem Feiertag Mariä Lichtmess am Dienstag zu Ende und die angereisten Adeligen, Handelsleute, Gutsbesitzer und ihre Advokaten machten sich wieder auf den Heimweg. Für den kommenden Samstag, den 6. Februar hatte sich Samuel Reyher mit Kohlblatt und Helfern verabredet, seine geplanten Experimente durchzuführen. Das Wetter war günstig. Reyhers Thermometer zeigte in den letzten Tagen einen Anstieg der morgendlichen Temperaturen von $6\frac{1}{2}$ Grad am 26. Januar auf $18\frac{3}{4}$ Grad (-2 °C) am 6. Februar. Die Windrichtung hatte sich von Nord-Nordost auf Südost geändert. Daher kam nun diese Erwärmung. Der Himmel war die ganze Zeit heiter bis wolkig gewesen. Die Voraussetzungen für ein Experiment auf dem Eis waren also bestens.

Reyher hatte sich zu seinem Lieblingsplatz am Ende des Weges durch das Düsternbrooker Gehölz begeben und sein Siphon wie eine Lanze geschultert. Dort oben, auf halber Höhe, entsprang eine Quelle,[135] die er vor einigen Jahren mit Steinen hatte einfassen lassen. Diese bot dem Wanderer im Sommer eine wohltuende Erfrischung. Unten am Ufer wartete bereits sein Freund Kohlblatt mit seinem Sohn[136] und zwei Landarbeitern, die das Loch ins Eis schlagen sollten (Abb. 12). Gut Schrevenborn befand sich jenseits von Mönkeberg, das direkt gegenüber auf der anderen Seite der Förde lag.

Ziel des Experiments war die Entnahme einer Wasserprobe aus größerer Wassertiefe, um dessen Salzgehalt zu messen. Dazu hatte er sich einen Wasserheber nach dem Prinzip des Siphons konstruiert. Dieser bestand aus einem fünf Fuß (ca. 1,50 m) langen Rohr mit einer Bohrung von etwa einem halben Zoll.[137] Wenn man das Rohr am oberen Ende mit einem Wachspfropfen verschlossen hielt, der mit dem Daumen festgehalten wurde, konnte man es in das Loch im Eis eintauchen, ohne dass sofort Wasser eindrang. Wenn das Ende des Rohres die gewünschte Tiefe erreicht hatte, lupfte man den Daumen an, der Pfropfen ließ Luft heraus und Wasser konnte von unten hereinströmen bis das ganze Rohr gefüllt war. Dann verschloss man das Rohr wieder mit dem Daumen, zog es aus dem Eisloch heraus und ließ den Rohrinhalt in das mitgebrachte Gefäß auslaufen, indem der Daumen den Pfropfen lockerte und wieder Luft ins Rohr ließ. Dieses Prinzip war natürlich je-

Abbildung 12 Ausschnitt aus Fig. 1 von Reyhers *Novum Experimentum*, der die Handhabung des Siphons demonstriert (Sächsische Landesbibliothek, Dresden, gemeinfrei).

dem Apotheker oder Chemiker als Pipette bekannt, aber dieser Siphon war um ein Vielfaches größer als die dort gebräuchlichen Instrumente.

Auch in der Praxis war die Handhabung auf dem Eis gewöhnungsbedürftig. Einer der beiden Landarbeiter lag bäuchlings vor dem Eisloch. Kohlblatt hielt noch die Säge in der Hand, die ihm der hinter ihm stehende Helfer gereicht hatte. Kohlblatts Filius, der noch hinreichend gelenkig war und sich viel sicherer auf dem Eis bewegen konnte als die Alten, hielt das Rohr verschlossen und kniete langsam neben dem Loch nieder, ohne Luft in das Rohr hineinzulassen, während der liegende Landarbeiter das Rohr in das Eisloch führte. Dieser musste in dem eiskalten Wasser darauf achten, dass das Rohr nicht seitlich weg unter das Eis geriet und verloren ging. Reyher beobachtete von rechts, dass der Filius nichts verschüttete. Fünfmal mussten sie diese Prozedur wiederholen bis das Gefäß von 4 *librae romanae* (ca. 1,3 l) Volumen gefüllt war.

Reyher hatte seinem Freund Kohlblatt ein Bröckchen von dem Eis gegeben, das aus dem Loch heraus gehauen war.

„Probier mal", sagte er und fragte: „Ist das nicht seltsam, wie wenig salzig das Eis schmeckt?"

„Komisch", erwiderte Kohlblatt.

„Probier auch mal von dem Wasser hier direkt an der Oberfläche", fuhr Reyher fort, „das ist doch auch viel süßer als Du es erwarten würdest."

Dann untersuchten sie eine Wasserprobe aus eineinhalb Fuß Tiefe und fanden sie schon deutlich salziger.

„Das musst Du mir später noch genau erklären", brummelte Kohlblatt. Dem wurde es von dem langen Stehen auf der Eisfläche allmählich zu kalt. Die immer noch tief stehenden Wintersonne hatte auch zur Mittagszeit noch nicht die Kraft sie aufzuwärmen. So beschloss man aufzubrechen und ließ sich auf zwei Schlitten nach Mönkeberg staken, eine Strecke von 1,5 km Länge. Kohlblatts Filius musste auf die wertvolle Wasserprobe achtgeben.

Von Mönkeberg nach Schrevenborn war es dann noch eine dreiviertel Stunde Fahrt mit dem Wagen. Dort wurden sie schon erwartet. In der Küche des Gutshauses war der Herd gut eingeheizt. Während sie sich aufwärmten und mit einer heißen Suppe, Brot und Schinken stärkten, war die Wasserprobe in einem flachen Topf auf dem Herd zum Sieden gebracht worden. Dampfschwaden stiegen empor. Als das ganze Wasser verkocht war, blieben eine Unze und anderthalb Skrupel (zusammen 28,8 g) an Salz zurück.

Gespannt warteten nun Kohlblatt Vater und Sohn auf die Erklärung des Experiments.

„Warum ist denn nun das Eis und das Wasser unmittelbar darunter so viel süßer?" fragte Kohlblatt als sie ihre Brotzeit beendet hatten.

Reyher erwiderte: „Das ist viel komplizierter als man zunächst denkt" und begann erst einmal, das Phänomen des Meeresleuchtens zu beschreiben, an dem nach Descartes das Meersalz beteiligt sei. Außerdem verhielte sich Wasser merkwürdig. Bei Luft wüsste man ja, dass sie sich beim Erwärmen ausdehne. Wenn man aber Eiswasser in einer Phiole in ein Bad aus wärmerem Wasser eintauche, so zöge sich das Wasser zusammen. Beim Abkühlen dehne es sich dann wieder aus.

Auch würden sich Salzwasser und Süßwasser nicht spontan vermischen. Das wäre ja von den großen Flüssen bekannt. Der Rio de la Plata in Argentinien würde nach seinem Ausströmen in den brasilianischen Ozean noch auf 15 Meilen seine Süße behalten.[138] Die Donau bliebe noch auf eine Meile süß, während sie ins Schwarze Meer flösse. Die Rhône durchquere sogar den Genfer See vollständig, ohne sich zu vermischen.[139]

„Den gleichen Mechanismus seht ihr hier im Kieler Hafen, wenn die Schwentine hineinströmt", erklärte Reyher seinen staunenden Zuhörern. „Ihr habt doch schon im Herbst gesehen, dass die Farbe des Wassers aus der Schwentine sich von dem Fördewasser unterscheidet und dieser Wasserstrom bis zum gegenüber liegenden Ufer reicht."

„Aber warum ist das Wasser unten salzig", fragte Kohlblatts Filius eifrig.

„Das musst Du Dir so vorstellen: Salz ist schwerer als Wasser und strebt daher danach, sich am Boden abzusetzen", fuhr Reyher fort. „Du weißt doch auch, dass leichtere Dinge auf dem Wasser schwimmen. Dann ist es doch auch richtig, dass das leichte Süßwasser über dem schwereren Salzwasser schwimmen kann, so wie es die Schwentine vormacht."

„Aber dann müsste doch Seewasser immer oben süß sein", mischte sich Vater Kohlblatt ein.

„Du vergisst die Wirkung von Wind und Wellen, die das Wasser wieder durchmischen", hielt Reyher dagegen. „Aber das ist nicht die ganze Wahrheit. Beim Gefrieren sondert das Eis das Salz ab und bleibt süß. Deshalb ist das Wasser nahe dem Nordpol weniger salzig als in äquatorialen Regionen."

„Das ist ja alles schön, dass unsere kleine Schwentine genau so funktioniert wie der Rio de la Plata", maulte Kohlblatt senior, „aber wozu ist denn diese ganze Wissenschaft überhaupt nützlich?"

Da hatte er Reyhers Nerv getroffen, der sich erst einmal für seine Forschung rechtfertigen musste: „Denk doch mal an die wirtschaftliche Bedeutung des Salzes, das im Mittelmeerraum direkt durch Verdunstung des Seewassers gewonnen wird. Wir hier in Deutschland müssen ja mit viel Aufwand Salz durch Sieden von Sole gewinnen."

Dann drehte Reyher den Spieß um: „Wenn wir mehr über die Trennung von Salzwasser und Süßwasser verstehen, können wir doch auch Verfahren ersinnen, um aus Seewasser trinkbares Wasser zu gewinnen. Die Engländer haben doch gerade erst im Jahre 1665 berichtet, wie man Salzwasser mit einem porösem Tongefäß filtrieren kann. Wie viele Seeleute könnte das vor dem Verdursten retten!"

So zog sich die nachmittägliche Debatte noch etwas hin, bis Reyher zum Aufbruch drängte. Der Weg zurück nach Kiel würde ja noch fast zwei Stunden dauern und um Sechs würde es ja schon dunkel. Kohlblatt ließ ihn mit dem Wagen zurück ans Mönkeberger Ufer fahren, wo ein Schlitten ihn dann bis zum Schlossufer brachte. Pünktlich um sieben Uhr abends hat dann Reyher zuhause seine meteorologischen Instrumente abgelesen.

Eineinhalb Monate später hat er seine Schrift *Experimentum Novum quo Aquae Marinae Dulcedo describitur* der gelehrten Welt vorgestellt. Auf 14 Seiten präsentiert er darin die Durchführung des Experiments und seine systematisch geordneten Überlegungen. Dies ist die erste moderne wissenschaftliche Schrift Reyhers, in der die polyhistorische Ausbreitung von gelehrtem Buchwissen durch die Beschreibung experimenteller Fakten zurückgedrängt wird. Insbesondere fügt er ein genaues Protokoll der meteorologischen Bedingungen bei, mit Ablesungen seines Barometers, Thermometers und Hygrometers, sowie Aufzeichnungen von Windrichtung und Bedeckung des Himmels. Er notiert nicht nur die Daten am Versuchstag, sondern gibt Vergleichswerte für die Sommer 1694 und 1695. Für den Winter 1696/97 notiert er die Werte im Dezember und Januar als Referenz. Am Versuchstag liest er seine Instrumente morgens um sieben Uhr und abends um sieben Uhr ab und fügt die Werte vom Sonntagnachmittag bei, an dem das Barometer den weiter fallenden Luftdruck anzeigt.

Der seltsame Stern

„Eine neue wissenschaftliche Wahrheit pflegt sich nicht in der Weise durchzusetzen, daß ihre Gegner überzeugt werden und sich als belehrt erklären, sondern vielmehr dadurch, daß ihre Gegner allmählich aussterben und daß die heranwachsende Generation von vornherein mit der Wahrheit vertraut gemacht ist."[140] Diese Einsicht hatte Max Planck über die Umwälzungen der Physik durch die Entdeckung der Quantenphänomene gewonnen. Sie trifft gleichermaßen auf die frühe Neuzeit zu, in der Samuel Reyher lebte. Hier war der Auslöser für das neue Weltbild zunächst die beobachtende Astronomie gewesen, zu der nunmehr das gezielte Experiment hinzutrat.

Im Vordergrund der Debatte um die konkurrierenden Weltsysteme, die Reyher noch in *De Mundo* beschrieben hatte, stand die Frage, ob die Erde ruht oder sich in die Phalanx der Planeten einreiht, die um die Sonne herummarschieren. Das kopernikanische System mit der ruhenden Sonne gewann dabei wegen seiner Einfachheit und Ästhetik immer mehr Anhänger. Die von Kepler postulierten Ellipsenbahnen und die darauf ablaufenden Planetenbewegungen mit veränderlichen Geschwindigkeiten blieben aber zunächst unter den Experten umstritten. So haderte der bedeutende Astronom Ismaël Bullialdus noch mit Keplers Flächensatz, der besagt, dass der Fahrstrahl, der von der Sonne zum Planeten zeigt, in gleichen Zeiten gleiche Flächen überstreicht. Diese Ellipsenbahnen wurden erst Jahrzehnte später durch Newtons *Principia Mathematica* (1687) physikalisch untermauert.

Ähnlich wie Max Plancks unbeabsichtigte Entdeckung

des Wirkungsquantums zum Niedergang der klassischen Physik führte, war es eine astronomische Entdeckung, die die bisher postulierte Unveränderlichkeit des Sternenhimmels infrage stellte. Das plötzliche Erscheinen eines besonders hellen neuen Sterns war durch Tycho Brahe im Jahre 1572 beobachtet und mit dem Begriff *Nova Stella* benannt worden. Auch Kepler hatte 1604 „seine" Nova beobachtet. Gemeinsam ist diesen neuen Sternen, dass sie für wenige Tage so hell sind, dass sie die hellsten Sterne überstrahlen und sogar am Taghimmel sichtbar sind. Dann fällt ihre Helligkeit kontinuierlich ab und nach einigen Wochen sind sie nur noch mit dem Teleskop erkennbar. Solche Himmelsereignisse erzeugten wie die Kometen und Sonnenfinsternisse bei dem allgemein noch verbreiteten Aberglauben Angst und Schrecken in der Bevölkerung. Für die Astronomen blieben die neuen Sterne rätselhaft.

Von der Öffentlichkeit unbemerkt blieb die Beobachtung eines neuen Sterns von zweiter Größe im Sternbild Walfisch im Jahre 1596 durch den ostfriesischen Theologen und Amateurastronomen David Fabricius. Von August bis Oktober hatte Fabricius diesen Stern verfolgt, der dann seltsamerweise wieder verschwand. Tycho Brahe, dem Fabricius von dem neuen Stern berichtete, hatte Dänemark 1597 im Streit mit dem jungen König Christian IV. verlassen und alle seine Instrumente mitgenommen. Zur Zeit befand er sich auf seiner Zwischenstation bei seinem Freund, dem königlichen Statthalter Heinrich Rantzau in Wandsbek, wo er über ein Jahr lang blieb. Brahe hat diese weniger leuchtkräftige Erscheinung aber nicht weiter beachtet.[141]

Diese Sichtung wäre an sich nichts besonderes gewesen, wenn Fabricius nicht zehn Jahre später diesen Stern wiedergefunden hätte. Nach Tychos Tod (1601) suchte Fabricius den Kontakt zu dessen Schüler Johannes Kepler. Obwohl dieser von Fabricius über dieses merkwürdige Wiedererscheinen informiert worden war, nahm die gelehrte

Welt dieses Thema nicht auf. Dass eine Nova nochmals aufleuchten würde, galt als unwahrscheinlich, zumal Fabricius versäumt hatte, bei seiner ersten Beobachtung eine genaue Positionsbestimmung vorzunehmen, mit der man jetzt die zweite Sichtung hätte vergleichen können. Die Angelegenheit geriet also wieder in Vergessenheit.

Nach weiteren 30 Jahren, am Weihnachtsabend 1638, wurde dieser seltsame Stern im Walfisch erneut entdeckt, diesmal durch den Astronomen Johannes Phocylides an der Universität Franeker in Westfriesland. Wiederum verdunkelte sich dieser Stern ab Februar des Folgejahres und war im August völlig verschwunden. Erst im November konnte er den Stern wiederfinden. Sein Kollege Bernard Fullenius hat den Stern dann 1641 und 1642 beobachtet. Aber die wissenschaftliche Welt nahm auch davon zunächst wenig Notiz.

Erst Johannes Hevelius hat in Danzig sorgfältig dokumentierte Beobachtungen dieses Sternes im Walfisch (lat.: *Cetus*) durchgeführt (Abb. 13). Er gab ihm den Namen *Stella Mira* (wunderlicher Stern). Seine Sichtungen begannen 1648, und die intensive Phase mit 75 Beobachtungen dauerte von 1659 bis 1662. In einer kleinen Schrift mit dem Titel *Historiola Mirae Stellae* von 1665 verweist er auf die oben erwähnten früheren Beobachtungen von Phocylides und Fullenius, sowie auf drei Sichtungen durch Joachim Jungius in Hamburg im Zeitraum 1647–1648. Seine eigenen Beobachtungen sind aufschlussreich, da sie erstmals Angaben zur visuellen Helligkeit enthalten. Ferner hat er stets geprüft, ob sich dieser Stern bewegt, indem er Winkelabstände zu markanten Fixsternen immer wieder vermessen hat.

Zur gleichen Zeit hatte der französische Astronom Bullialdus sich bei einem Besuch in Danzig (1661) durch gemeinsame Beobachtungen mit Hevelius für diesen veränderlichen Stern begeistern lassen und hat ihn über die nächsten 27 Jahre, bis er 83 Jahre alt wurde, syste-

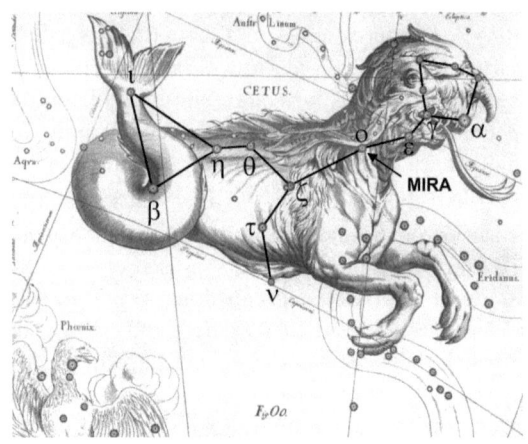

Abbildung 13 Das Seeungeheuer Cetus nach der Uranographia des Johann Hevelius (Wikimedia, gemeinfrei) überlagert mit dem Sternbild Walfisch. Der veränderliche Stern Mira findet sich am Halsansatz des Cetus. Das Bild ist spiegelverkehrt zur Himmelsansicht, da es die Außenansicht eines Himmelsglobus darstellt.

matisch beobachtet. Bullialdus war sich bewusst, dass er dieses Phänomen nicht als Einzelkämpfer erforschen konnte. Um die ganze Gemeinschaft von Astronomen dafür zu begeistern, hat er 1667 die Schrift *Ad Astronomos Monita duo*[142] veröffentlicht, die auch in den Philosophical Transactions of the Royal Society in London besprochen wurde. Inzwischen hatte man herausgefunden, dass die Periode, in der die maximale Helligkeit wiederkehrt, etwa 333 Tage beträgt.

Diese Welle von Aufmerksamkeit hatte dann auch Samuel Reyher dazu bewogen, ab 1669 eigene Beobachtung der Mira Ceti anzustellen. Das war jetzt ein wichtiges Thema der Astronomie geworden! Kaum zwei Jahre nach seiner ersten eigenen Demonstrationen mit dem Fernrohr hatte er sich nun zum ernsthaften Astronomen gewandelt.

Die Beobachtungen der Mira Ceti hat er sein ganzes Leben lang fortgesetzt.

In seiner Mathesis Mosaica von 1679 führt Reyher bei seiner Disputation über den Stern zu Bethlehem[143] die Mira Ceti schon als eine Sonderform der Fixsterne auf und fügt auch gleich seine eigene Theorie für die periodische Helligkeitsänderung bei. Seiner Meinung nach ist die Erscheinung den Sonnenflecken verwandt, die infolge der Sonnenrotation nach 27 Tagen wieder an derselben Stelle erscheinen. Nur sei die Mira Ceti zu zwei Drittel ihrer Oberfläche von einer opaken Kruste bedeckt. Das würde die nur wenige Monate dauernde Phase größter Helligkeit und das vollständige Verdunkeln erklären. Die Periode von 333 Tagen wäre dann durch die langsame Rotation des Sterns bedingt.

Heute wissen wir, dass es sich dabei um einen Doppelstern handelt, bestehend aus einem roten Riesenstern (Mira A) und einem weißen Zwergstern (Mira B). Der Riesenstern bläht sich periodisch auf, wodurch infolge der vergrößerten Oberfläche die beobachtete Helligkeit steigt.

Das astronomische Weltbild wurde aber auch von ganz anderer, unerwarteter Seite infrage gestellt. Nach der Lehre des Aristoteles war der Himmel von einer feinen Substanz, dem Äther, erfüllt. Was dieses Medium Äther sei, darüber gingen die Meinungen der Philosophen und Theologen weit auseinander. Unter den Zeitgenossen hatte Tycho Brahe bereits Zweifel an der Stofflichkeit des Äthers geäußert. Kepler war sogar bereit, den ganzen Äther als leer anzusehen. Dann kam die Vorstellung eines flüssigen Äthers durch Descartes wieder auf. Dieser hatte in seinen *Principia Philosophiae*[144] ein Modell vorgeschlagen, in dem das Weltall mit einem feinen Medium, dem Weltäther gefüllt war. Eine Kraftübertragung ohne ein materielles Medium konnte man sich damals nicht vorstellen. Dieses Medium war erforderlich, um die Planetenbewegung in Gang zu halten. Descartes setzte wie die Kopernikaner die Sonne in die Mitte und stellte sich vor, dass der Äther einen großen Wirbel darstellt, in dem die Planeten, unter ihnen die Erde, mitschwammen. Das konnte recht zwanglos erklären, dass die Sonne sich in 27 Tagen schnell um ihre Achse drehte und die Umlaufszeiten der Planeten umso länger dauerten, je weiter sie von der Sonne entfernt waren.

Die Vorstellung anderer Astronomen, dass die Planeten sich im Vakuum bewegen würden, das der Bewegung keinen Widerstand entgegensetzt, lehnte er ab, „weil es aufgrund der Natur der Dinge ein derartiges Vakuum nicht geben kann".[145] In Descartes' Philosophie ist Raum immer an Materie geknüpft. In einem Vakuum ist keine Materie, also nimmt es keinen Raum ein.[146]

Wegen dieses offenen Gelehrtenstreits um das den Himmel füllende Medium erregten die Experimente des Magdeburger Bürgermeisters Otto von Guericke mit der Erzeugung eines Vakuums in der Wissenschaft so viel Aufsehen. Guerickes Experimente wurden zunächst durch seinen Freund Caspar Schott, einen Jesuiten und Professor in Würzburg, in seinem Kompendium *Technica Curiosa* von 1664 veröffentlicht. Schott hatte darin Guerickes Briefe mit den detaillierten Beschreibungen der Experimente ins Lateinische übersetzt. Erst viel später, in seinem Buch *Experimenta Nova Magdeburgica de Vacuo Spatio* von 1672, hat Guericke eine eigene umfassende Darstellung seiner Versuche gegeben und diese in den Kontext der Astronomie gestellt.

Guericke war sich der Tragweite seiner Forschung zum Vakuum in vollem Umfang bewusst. Bereits in seinem Brief an Schott vom 22. Juli 1656, der in den *Technica Curiosa* abgedruckt ist, setzt er sich mit den unterschiedlichen Auffassungen zum Begriff Vakuum auseinander. Er widerspricht Descartes, in dessen Philosophie sich die Wände des Gefäßes berühren müssten, wenn man die Luft aus dem Gefäß entfernte. Während Descartes die

Materie als Maß für die Ausdehnung nach Länge, Breite und Höhe ansieht, führt Guericke den Begriff des Raumes als eine Art Behälter ein, in dem sich Materie befinden kann oder auch abwesend sein kann. Das gilt nicht nur für das Gefäß, aus dem er die Luft herauspumpen kann, sondern für das ganze Weltall, das einen unermesslich großen Raum darstellt.

Die philosophische Klippe, an der er nicht zerschellen darf, ist die Unterscheidung zwischen dem Vakuum und dem Nichts. Er schreibt im zweiten Brief an Schott:

> Das Vakuum aber, oder der Aether (die, wie ich es verstehe, dasselbe sind) gehört seiner Natur nach zu den Dingen, nämlich als ein Zwischenraum der von allen anderen Körpern frei sei; in diesem Äther oder Raum muss jeder Körper verweilen. Also ist Vakuum kein Nichts (obgleich es oft missbräuchlich so genannt wird) und deshalb kann es auf eine einzigartige Art und Kunst hergestellt werden.[147]

Zu der Frage, woraus dieser Äther denn nun bestehe, wolle er sich nicht äußern, weil das eine umfangreiche neue Wissenschaft vom Planetensystem und dem ganzen Weltall ergeben würde, die zum jetzigen Zeitpunkt nur „viel Hin- und-Her Gerede, Widersprüche und sogar überflüssige Arbeit geben [würde]".[148] Erstmals nahm damit ein Experiment aus der Pneumatik Einfluss auf das Verständnis des Universums.

Samuel Reyher hatte sich mit all diesen Fragen zum Medium Luft in *De Aëre* intensiv auseinandergesetzt, in der er das ganze Wissen seiner Zeit bis hin zu den Magdeburger Experimenten dargelegt hat. Guerickes Experimente und seine Vorstellung vom Vakuum kannte er bereits aus Schotts *Technica Curiosa*. Er erwähnt sogar das schon 1670 auf den Buchmessen in Frankfurt und Leipzig angekündigte Werk Guerickes und dessen Kapitelüberschriften.

Luft ist für Reyher nicht mehr nur eines der vier klassischen Elemente, sondern kann aus drei Hauptbestandteilen zusammengesetzt sein: Luftpartikeln, Äther und Feuer. Hinzu kommen Wasserpartikel, ätherische Öle, Salz und andere in der Luft aufgelöste Bestandteile. Gleich im selben einführenden Absatz macht er klar, dass die Erde von einer Lufthülle umgeben ist, über deren Ausdehnung die Gelehrten allerdings streiten. Das Spektrum reicht von anderthalbtausend bis dreißigtausend deutschen Meilen. (Die deutsche Meile entspricht 7,533 km.) Den Raum darüber nimmt er nach Aristoteles als vollkommen leer (*aethere depletus*) an. In Kapitel III definiert er im Sinne Guerickes: „Vakuum ist ein etwas größerer Bereich innerhalb der Atmosphäre, der wieder mit Äther befüllt worden ist."

Noch deutlicher wird Reyhers Bild vom Universum in der Passage in der Mathesis Mosaica. Dort gibt er im Anhang eine kurze, aber präzise tabellarische Darstellung seines Universums in 22 Paragraphen, denen dann zehn weitere über den Stern von Bethlehem folgen:

§1. Sterne gehören in verschiedene Kategorien, insbesondere durch die jüngsten Beobachtungen der Astronomen. Zweckmäßigerweise teilen wir das Universum auf in den Himmel und die Sterne.

§2. Unter dem Himmel verstehen wir jene äußerst dünne und flüssige Materie, die sich durch die ganze Welt erstreckt, wie sie Guericke weniger treffend als Vakuum bezeichnet.

§3. Unter dem Namen Stern fassen wir alle sichtbaren Körper zusammen, die in dem unsichtbaren Himmel schwimmen, oder solche, die ihren festen Platz haben, seien sie nun leuchtend, undurchsichtig oder irgendwie durchscheinend.

Danach erläutert er sein kopernikanisches System der Planeten, die Größenklassen von Fixsternen, Novae und die

Mira Ceti. Das „weniger treffend" (*minus aptè*) in §2 bezieht Reyher wohl auf die Wortwahl, wo er den Begriff „Äther" bevorzugt hätte. Die mitschwimmenden Planeten in §3 erinnern doch sehr an Descartes' Modell.

Wir wissen nicht genau, wann dieser Text entstanden ist. Die meisten Kapitel der Mathesis Mosaica sind Nachdrucke von Disputationen, die Reyher in seinen Unterricht eingebettet hatte. Einige davon sind in den Vorlesungsverzeichnissen von 1672–1674 erwähnt. Wenn also obiges Kapitel der Mathesis auch zu dieser Zeit entstanden ist, kann er Guerickes Buch noch nicht ausgewertet haben, zumal er in der dritten Auflage von De Aëre von 1674 noch auf das Schottsche Buch verweist. Dass allerdings Guericke seinen Ausführungen ein eigenes Buch über *Die Welt und ihren Bau* voranstellt und somit seinen Forschungen zum Vakuum einen gebührenden Platz im ganzen Weltgebäude verschaffen will, muss Reyher aus der Buchankündigung bewusst gewesen sein. Wieder einmal zeigt sich bei dem von Reyher eingenommenen Standpunkt sein Harmoniebedürfnis, die neuen Erkenntnisse mit den vorigen zu versöhnen. Er ist eben eher Beobachter des Fortschritts und kein Revolutionär.

Kalender

Während des ganzen 17. Jahrhunderts gab es in Deutschland keinen einheitlichen Kalender. Zwar war man sich schon Mitte des sechzehnten Jahrhunderts bewusst geworden, dass der alte Julianische Kalender um zehn Tage vorging. Der berechnete Frühlingsanfang stimmte nicht mehr mit dem astronomischen überein. Das war für das Osterdatum als dem wichtigsten christlichen Feiertag eine Katastrophe. Ostern sollte nach einem Beschluss des Konzils von Nicäa im Jahre 325 immer am ersten Sonntag nach dem ersten Vollmond im Frühling stattfinden. Der Frühlingsbeginn war dazu kalendarisch auf den 21. März festgelegt worden. Schließlich wurde von einer päpstlichen Kalenderkommission ein Reformvorschlag erarbeitet, dessen astronomische und theologische Aspekte dem Papst Gregor XIII. gefielen. Mit der päpstlichen Bulle *Inter gravissimas* wurde die neue Regelung am 24. Februar 1582 der Christenheit verkündet.

Worin bestand das Problem? Es ging dabei zunächst um eine präzise Festlegung der Jahreslänge, aus der man dann berechnen kann, wie die Zahnräder des Erdumlaufs um die Sonne und des Mondumlaufs um die Erde ineinandergreifen. Dem Julianischen Kalender war eine Jahreslänge von $365\frac{1}{4}$ Tagen zugrunde gelegt. Dann reichte es aus, alle vier Jahre im Februar einen Schalttag einzufügen, um die Osterregel zu erfüllen. Aber die Astronomen hatten festgestellt, dass das Jahr um etwa 11 Minuten kürzer war als hier angenommen. In 130 Jahren ging dann der Kalender aber schon um einen Tag gegenüber dem astronomischen Jahr voraus, und bis 1582 waren mehr als zehn Tage zusammengekommen.

Nun könnte man meinen, dass eine mathematisch und astronomisch begründete Reform zu einer allgemeinen Akzeptanz eines verbesserten Kalenders führen würde. Weit gefehlt! Der neue Gregorianische Kalender war vom Papst als katholische Lehrschrift verkündet worden. Eine solche Bevormundung konnten sich die protestantischen Stände nicht gefallen lassen. Also behielten sie den alten Julianischen Kalender bei, mit der Wirkung, dass an jeder Landesgrenze zwischen konfessionsverschiedenen Kleinstaaten das Datum wechselte und kirchliche Feste nicht mehr am gleichen Tag stattfanden.

Dieses Beharrungsvermögen wurde aber auch durch die Kaufleute befördert, die höchst ungern in all den geschlossenen Verträgen das Datum auf den neuen Kalender umstellen wollten. Dieses Durcheinander hielt dann bis in das späte 17. Jahrhundert an. Daten wurden eben im Kalender doppelt nach der alten und neuen Rechnung angegeben.

Was hatte der Gregorianische Kalender an Verbesserung gebracht? Zuerst hat man die zuviel berechneten Tage gestrichen und auf Donnerstag den 4. Oktober 1582 gleich Freitag den 15. Oktober folgen lassen. Um die erneute Kumulierung aufgrund der julianischen Schalttagregelung zu vermeiden, wurde eine neue Jahrhundertregel eingeführt. In allen vollen Jahrhunderten sollte der Schalttag entfallen, außer wenn die Jahreszahl durch 400 teilbar ist. Das verringert im Mittel die julianische Jahreslänge um einen $\frac{3}{400}$ Tag, was 10,8 Minuten entspricht. Damit war der Fehler weitgehend beseitigt. Es fehlte für eine präzise Kalenderrechnung, die auch für Jahrtausende gelten soll, nur noch eine hochgenaue Bestimmung der Jahreslänge.

Kopernikus hatte seine Mitwirkung an einem verbessertem Kalender während des Lateranskonzils von 1512–1517 noch mit der Begründung abgesagt, dass die Jahreslänge noch nicht hinreichend genau bekannt sei.[149] In den Folgejahren wurde Kopernikus durch seinen Freund Kardinal

Schönborn bedrängt, sein Werk *De revolutionibus orbium coelestium* zu veröffentlichen. Von dessen Verbreitung erhoffte Schönborn sich eine genauere Bestimmung der Jahreslänge. Jetzt, ein Jahrhundert später, waren die astronomischen Messungen immer präziser geworden, so dass man sich die Frage eines genauen Kalenderalgorithmus erneut stellte.

Treibende Kraft hinter der erneuten Kalenderreform war der Jenaer Mathematikprofessor Erhard Weigel. Obwohl er überzeugter Protestant war, hatte er schon 1664 seinen *Zeitspiegel* veröffentlicht, in dem er „zu der im Hl. Römischen Reich höchstgewünschten Zeit-Einigkeit" aufrief. Darin schlägt er vor – anders als im Gregorianischen Kalender – alle 128 julianische Jahre einen Schalttag auszulassen. Zum Vergleich ergäbe die gregorianische Formel im Mittel eine Auslassung je $133\frac{1}{3}$ Jahre. Hier spürt man, wie mit unterschiedlichen Näherungen die wahre Jahreslänge approximiert wurde.

Ein Nachteil der Jahrhundertregel ist die lange Zeit von 400 Jahren, nach der der Restfehler sich auf einen ganzen Tag akkumuliert hat und dann erst korrigiert wird. Nach Weigels Vorschlag wird dieser Fehler gleichmässiger auf die Zeit verteilt. Andere Kalenderreformer, wie Gottfried Kirch, haben diesen Restfehler durch noch komplexere Einschaltregeln zu minimieren versucht. Nach Kirch soll man 28 Jahre lang die vierjährige Einfügung eines Schalttages beibehalten, das folgende 32. Schaltjahr aber auf das 33. Jahr verschieben. Der italienische Musikwissenschaftler Josephus Zarlino hatte schon 1580 einen ähnlichen Vorschlag gemacht,[150] nämlich 24-mal julianisch einzuschalten und den für das 28. Jahr anfallenden Schalttag in das 29. Jahr zu verschieben.

Mit dem nahenden Jahrhundertwechsel nahm die Debatte um die Kalenderreform an Heftigkeit zu. Die protestantischen Stände auf dem Reichstag zu Regensburg rangen um eine politische Lösung, um einerseits zu einem vereinheitlichten Kalender zu kommen und andererseits in den bisher vorgebrachten theologischen Fragen nicht das Gesicht zu verlieren.

In diese Debatte schaltete sich nun auch Samuel Reyher ein mit einer in deutscher Sprache abgefassten Schrift von 1697: *Neuerfundenes Uhrwerk [...]*.[151] Darin fordert er, die korrekte Jahreslänge zugrunde zu legen und die Neu- und Vollmonde nicht nach mathematischen Zyklen, sondern nach genau berechneten Ephemeriden zu bestimmen. Die Jahreslänge der Tychonianer von 365 Tagen 5 Std. 48′ 57″ hält er für unkorrekt und bevorzugt die des Zarlino, der den Tagesbruchteil zu 5 Std. 47′ 35″ $\frac{10}{29}'''$ angibt. Diese Zarlinische Jahreslänge lässt sich sehr gut durch den Bruch $365\frac{7}{29}$ Tage annähern, was einem Tagesbruchteil von 5 Std. 47′ 35″ 10, 3‴ entspricht. Reyher folgert aus seiner so festgelegten Jahreslänge, dass man zur einfachen Messung der Jahreslänge ein Uhrwerk bauen solle, dass auf dem Zifferblatt die Tageslänge in die üblichen 24 langen Stunden und zusätzlich in 29 kurze Stunden einteilt. Dann würde das Jahr nach 365 Tagen genau mit dem Ablauf der siebten kurzen Stunde zuende gehen.[152]

Zusammen mit seinem Doktoranden Joachim Tiede hat er sich dann ein Schema von Einschaltungen überlegt, das eine Periode von 592 Jahren besitzt und den Restfehler aus den Einschaltungen möglichst gleichmäßig auf den ganzen Zeitraum verteilt. Reyhers Zyklus war eine Abfolge aus Zarlinischen (Z) und Kirchschen (K) Zyklen: $6 \cdot Z = 174$ J., $1K, 5 \cdot Z = 145$ J., 1 Z, $6 \cdot Z$, $1K$; in summa 592 Jahre. Diese Kalenderregelung hat Reyher dann 1699 in einer Schrift *Aller- und Unterthänigster Vorschlag/ wie die bißhero gebräuchliche Calender also vereinigt werden können*[153] dem Reichstag in Regensburg vorgelegt.

Doch der Vorschlag kam zu spät und wurde als zu kompliziert angesehen. Der Reichstag zu Regensburg hatte kurz darauf entschieden, ab dem Jahr 1700 einen „verbesserten" Kalender einzuführen. Technisch entsprach dieser zwar dem Gregorianischen Kalender mit seiner Jahrhundertregel. Politisch wurde aber peinlich darauf geachtet, dass es sich um einen „neuen" Kalender handele „unter Wahrung des protestantischen Ansehens sowie der Machtstellung der protestantischen Partei im politischen Gefüge des Reiches".[154]

In der Wissenschaft wurde aber auch danach noch über weitere Verbesserungen des Kalenders diskutiert und dabei blieb Reyhers Vorschlag weiterhin in der Diskussion. Es lohnt hier, den in Latein geführten Briefwechsel näher zu betrachten. Der italienische Abt Francesco Bianchini, der schon in der Kalenderkommission des Papstes Clemens XI. gewirkt hatte, schrieb an Leibniz, dass die Arbeiten von Reyher und Tiede zwar alles Lob verdienten als „sehr geniale Erfindungen" (*inventa ingeniosissima*), aber die Einschaltungsart zu unbequem sei:

> Insbesondere, als wir erkannt haben wie schwierig es [schon] im von Caesar eingeführten Julianischen Kalender denen sein wird, nicht nur allem einfachen Volke, sondern auch den Priestern, jene festgesetzte und gleichbleibende Vierjahresregel zu beachten, die ja bereits einfacher als die Tiedesche ist.[155]

Weiterhin machte er in einem Brief an Leibniz Reyher den Vorwurf,

> Ich würde ja gern wissen, wie Du darüber denkst: was mich zögern lässt ist, dass der Autor völlig die Sorgfalt hinwirft, eine Angelegenheit, die mir sehr suspekt ist; ihm gebe ich daher nicht viel mehr Vertrauen als einem, der mir berichtet, er habe gefunden, dass die Diagonale eines Quadrats und dessen Seite kommensurabel seien.[156]

Hiermit spielt Bianchini auf eine möglicherweise irrationale Zahl für die Jahreslänge an. Das konnte Reyher als

Affront auffassen, da ihm die Bedeutung von irrationalen Zahlen aus den *Elementen* des Euklid natürlich bestens bekannt war. Leibniz, der schon vom Reichstag als Gutachter für die vorliegenden Vorschläge hinzugezogen wurde, schrieb am 14. Juli 1701 an Johann Bernoulli:

> Herr Reyher und Herr Tiede, die Erfinder des neuen Zyklus, sind durchaus äußerst erfinderisch, die anscheinend Dir auch in so guter Erinnerung stehen. [...] Sie dringen darauf, dass dieser vom Corpus Evangelicus angenommen werde, und behaupten, durch viele Jahrhunderte sei kein Unterschied berichtet worden, der merkbar zwischen dem Zyklus und der astronomischen Wahrheit aufgetreten wäre: aber sie raten dazu, dass die Einschaltung sich ändert in eine andere etwas komplexere, was schwer zu erreichen sein wird. Trotzdem wünschte ich, dass ihre Vorschläge angehört würden, bevor ein Beschluss ergeht, aber in Regensburg ist es ein wenig schneller gegangen als die Schwierigkeit der Angelegenheit forderte, da man nur drei Mathematiker hinzugezogen hatte. Ich hätte gewünscht, Deine und Herrn [Burchard] Volders Meinung über die Reyherschen Vorschläge zu verstehen.[157]

Obwohl uns hier bisher nur der mathematisch-astronomische Aspekt der Kalenderreform interessiert hat, sollte die wirtschaftliche Bedeutung des Kalenderwesens noch kurz gestreift werden. Kalendermachen war ein lukratives Geschäft und zeitgenössische Kalender führten nicht nur die Wochentage mit den zugehörigen Namenspatronen sowie die Feiertage auf, sondern enthielten astrologische Konstellationen, aus denen Horoskope und insbesondere Wettervorhersagen gemacht wurden. Diese astrologische Komponente war Weigel ein Dorn im Auge. Bereits in seinem *Zeitspiegel* von 1664 polemisierte er gegen den „Unfug, Derer in Teutschland so häuffig unnd zwar jährlich neu bißher ausgestreuten Chaldäischen, ärgerlichen Calender=Prognostiken entworffen wird". Durch Schaffung einer „Bestellten Gruppe von Astronomi und Reichs-Zeit-Buchhaltern", so forderte er in der gleichen Schrift, könne man den „stümpelnden" Kalendermachern das Handwerk legen, die mit „falschen Berechnungen die Menschen verwirrten und den Ruf der Astronomen und ihrer Kalender gefährdeten."[158]

Eine solche Zentralisierung des Kalenderwesens strebte Johannes Meyer an, der als Stellvertreter Weigels auf dem Regensburger Reichstag wirkte. Allerdings hoffte er, dass ihm[159] die Leitung eines solchen *Collegiums* übertragen würde, das ihm ein lukratives Monopol zu Lasten aller anderen Kalendermacher verschaffen würde. Zur Finanzierung sollten die Verleger von Kalendern eine Art Steuer an eine in Regensburg zu etablierende *Calender-Cassa* abführen. Eine solche zentrale Institution kam jedoch nicht zustande. Es siegte das Eigeninteresse der Teilstaaten, die von einem eigenem Kalendermonopol gute Einnahmequellen erwarteten. „Während im 16. Jahrhundert die theologisch-konfessionellen Motive die Gestalt der Auseinandersetzung bedingten, wirkten ab der Mitte des 17. Jahrhunderts vermehrt politische und gelehrte und – zumindest um 1700 – zudem ökonomische Gesichtspunkte prägend."[160]

Reyhers Vorschlag war zu seiner Zeit eine wissenschaftlich optimierte Lösung gewesen, die von der Fachwelt ernsthaft diskutiert wurde. Sie scheiterte aber daran, nicht praktikabel zu sein. Die Wertschätzung, die Leibniz ihm entgegenbrachte, ist daran abzulesen, dass er ihn 1702 in die zwei Jahre zuvor gegründete Kurfürstlich Brandenburgischen Societät der Wissenschaften aufnahm, deren Präsident er war, und die dann die Königlich-Preußische

Akademie der Wissenschaften wurde.

Reyher, der nunmehr sein 65. Lebensjahr überschritten hatte, beschäftigte sich weiter mit der Astronomie und seinen Kalendermodellen. 1702 veröffentlichte er die Schrift *De Epactibus Solaribus*. 1703 folgte eine Abhandlung *De observationibus astronomicis*, in der er u. a. seine eigenen Beobachtungmethoden und Instrumente beschreibt, und die Schrift *Des verbesserten Kalenders Beybehaltung betreffende nothwendige Erinnerung, auf Hochfürstlichen Befehl abgefasset.*, die in Lehmanns *Historische Remarques*[161] nachgedruckt wurde. 1706 lässt er über *De periodo Clementina* disputieren, worin er sein Modell gegenüber Francesco Bianchini verteidigt.

Reyher hat sich 1712 von seinen akademischen Pflichten entbinden lassen, hielt aber bis zu seinem Lebensende Vorlesungen. Seine bisherigen Einkünfte aus den Gebühren wurden ihm weiterhin zugestanden. Am 22. November 1714 der nunmehr einheitlichen Zeitrechnung ist Samuel Reyher im Alter von 80 Jahren verstorben, „sanft ist er entschlafen, und mehr durch das Alter als durch Krankheit gebrochen."[162] Beigesetzt wurde Reyher in der Grabstätte seines Schwiegervaters in der Schleswiger St. Michaelis Kirche, wo Augusta Maria Hansen (+24.4.1681) und Adolph Beselin (+13.11.1695) bestattet wurden.[163] Die alte Michaeliskirche „auf dem Berge", ist leider im Jahre 1850 bei Renovierungsarbeiten eingestürzt und existiert heute nicht mehr.

Epilog

Samuel Reyher war bei seinen Zeitgenossen ein hoch geachteter Wissenschaftler, der alle interessanten Themen seiner Zeit aufgegriffen hat. In der Astronomie hat er sich – weitgehend als Autodidakt – präzise Methoden erarbeitet, um aus genauen Beobachtungen von Sonnen- und Mondfinsternissen korrekte Längengrade zu bestimmen. Seine Ausdauer bei der jahrzehntelangen Beobachtung des veränderlichen Sterns Mira Ceti und seine peniblen Wetteraufzeichnungen haben ihn als sorgfältigen Forscher ausgewiesen. Dabei blieb er stets den praktisch angewandten Fächern verbunden. Mit seinen Studenten hielt er Vermessungsübungen im Gelände ab oder half seiner Stadt bei der Planung einer neuen Wasserleitung.

Die Breite seiner wissenschaftlichen Interessen war riesig und lässt bei ihm noch das Bild eines Polyhistors durchscheinen. Neue Gebiete, wie die Meteorologie oder die Anfänge der physikalischen Meeresforschung, hat er gern aufgegriffen und kleine eigene Beiträge geleistet, die er auch fleißig publizierte. Jedoch die Vielzahl seiner Interessen hinderte ihn auch an der Konzentration auf ein zentrales Thema, dem er mit mathematischer Strenge auf den Grund gehen konnte. Durch seine in der zweiten Lebenshälfte zunehmende Tätigkeit in der Rechtskunde und durch die Übernahme vieler universitärer Ämter – er war elfmal Dekan der Juristischen Fakultät und siebenmal Prorektor – wurde sein physikalischer Forscherdrang zusätzlich eingeschränkt.

Die großen Fortschritte der Mathematik und Physik blieben der nachfolgenden Generation mit den Giganten Newton und Leibniz vorbehalten. Erst durch die Einführung neuer mathematischer Methoden, wie der Infinitesimalrechnung, gelang es, die Bewegungsgesetze streng zu formulieren und die Bahnen der Planeten aus ersten Prinzipien zu berechnen. Auf diese neue mathematische Weltbeschreibung ist Reyher in seinen späten Jahren nicht mehr eingegangen. Er blieb ein Wissenschaftler des Übergangs, der polyhistorische Allgemeinbildung mit den Möglichkeiten der experimentellen Erkenntnisgewinnung verbunden hat. Sein mathematischer Horizont war durch die Geometrie geprägt, in der er schon die abstrakte mit Symbolen notierte Beweisführung verwendet hat, wie er sie in Leiden erlernt hatte. Die Einführung von Differentialgleichungen in die universitäre Lehre in Kiel, wie sie bei Newton und Leibniz verwendet wurden, blieb erst seinem Nachfolger Friedrich Koës vorbehalten.

An der jungen Christian-Albrechts-Universität hat Samuel Reyher durch Einbindung seines optischen Kabinetts einen mit Demonstrationen angereicherten Physikunterricht etabliert – damals eine didaktische Revolution. Hier konnte er die Pädagogik seines Vaters, Andreas Reyher, und dessen an Realien orientiertem Schulunterricht in einer den Ansprüchen universitärer Lehre genügenden Form verwirklichen. Wissenschaft war für ihn stets auch Öffentlichkeitsarbeit. Mit seinen astronomischen Demonstrationen zu Sonnenflecken oder Mondfinsternissen hat er auch gezielt Volksbildung betrieben. Sein rastloses Wirken hat ihn zu einem der erfolgreichsten Lehrer und Forscher seiner Zeit an der Kieler Universität gemacht.

Anmerkungen

[1] G.D.E. Weyher in: *Schriften der Universität zu Kiel aus dem Jahre 1858, III. Index Scholarum, II. Teil*, Kiel 1859, S. 9–30.

[2] J. Schönbeck, *Samuel Reyher und sein in ,Teutscher Sprache vorgestellter Euclides'*, N.T.M., **15** (2017) 118–136.

[3] Henning Ratjen, in: *Schriften der Universität zu Kiel aus dem Jahre 1858, III. Index Scholarum, II. Teil*, Kiel 1859, S. 4–8.

[4] Charlotte Schmidt-Schönbeck, Dissertation, *300 Jahre Physik und Astronomie an der Universität Kiel*, Eigendruck, Kiel 1965; zweite, korrigierte Auflage, Kiel 2011.

[5] August Beck, *Ernst der Fromme*, Weimar 1865, S. 139f.

[6] Georg Ernst Walch, *Abhandlung von dem Croatischen Einfalle in Schleusingen den 15. Oct. 1634*, Coburg 1763.

[7] Ebda., S. 340.

[8] *Vix absolutis d. 15. Octobr. 1634. examinis laboribus, iisque per preces clausis, auditorio egressi rumorem de appropinquante hoste audimus; nos vero elapsis urbis proceribus Deo soli relinquimur, sic bene relicti.*

[9] Ferdinand Werther, *Sieben Bücher der Chronik der Stadt Suhl in der gefürsteten Grafschaft Henneberg*, Suhl 1846, S. 218 f.

[10] Ebda., S. 221.

[11] Ebda., S. 222.

[12] Ebda., S. 227.

[13] Walch (1763), S. 343 ff.

[14] Claus Bernet, *Andreas Reyher*, in: Bautz, *Biographisch-Bibliographisches Kirchenlexikon*, Band 27, Spalten 1121–1139, o. Ort 2007.

[15] Andreas Reyher (1601–1673): Lebenslauf. in: Joh. Chr. Gotter: *Die gewüntschte Veränderung / welche sich mit den gläubigen Christen in ihrem Tode zuträget...*, Gotha o. J., S. (1)–(16). VD 17 39:105378D.

[16] Werther (1846), S. 226.

[17] Beck (1865), S. 141.

[18] *Palaeomathia sive ratio docendi discendique genuino-antiqvior, collecta, demonstrata et eruditorum judicio subjecta à M Andrea Reyher, illust. Gymnasii Hennebergici Rectore*, Schleusingen 1634.

[19] Beck, August, *Ernst I.* in: Allgemeine Deutsche Biographie, 6 (1877), S. 302–308 (Onlinefassung).

[20] Beck (1865), S. 492.

[21] Treibende Kraft war hier wohl Veit Ludwig von Seckendorf.

[22] Ebda., S. 507.

[23] Ebda., S. 508.

[24] M. Berbig, *Reyher, Andreas*, in: Allgemeine Deutsche Biographie 53 (1907), S. 322–325 (Online-Version).

[25] Christian Ferd. Schulze, *Geschichte des Gymnasiums zu Gotha*, Gotha 1824, S. 123.

[26] Johann Heinrich Gelbke, *Herzog Ernst der Erste genannt der Fromme*, 1. Band, Gotha 1810, S. 103.

[27] Carl Günther Ludovici (Hrsg.), *Großes vollständiges Universallexicon aller Wissenschaften und Künste*, Leipzig 1748, Bd. 57, Sp. 486–488.

[28] Ebda.

[29] Eduard Sparfeld, *Chronik der Stadt Leipzig*, Leipzig 1851, S. 146.

[30] Renati Des-Cartes *Principia Philosophiae*, Amstelodami 1644.

[31] Renati Des-Cartes *Opera Philosophica*, Editio Ultima, Amstelodami 1692.

[32] Leidse hoogleraren vanaf 1575 (http://hoogleraren.leidenuniv.nl).

[33] Henning Ratjen, *Samuel Reyher*, in: *Chronik der Universität zu Kiel*, Kiel 1859, S. 4–9.

[34] vgl. zu Ablauf und typischen Details einer Kavaliersreise: Eva Bender, *Die Prinzenreise*, Lukas Verlag, Berlin 2011.

[35] August Beck, *Friedrich I. (Herzog von Sachsen-Gotha-Altenburg)* in: Allgemeine Deutsche Biographie, Bd. 8, Duncker & Humblot, Leipzig 1878, S. 2 f.

[36] Bender (2011) S. 77.

[37] Ebda., S. 87–90.

[38] C. Rodenborn, V. Pauls, *Die Anfänge der Christian-Albrechts Universität Kiel*, Wachholtz, Neumünster 1955, S. 100.

[39] Franz Karl Theodor Piderit, *Geschichte der Hessisch-Schaumburgischen Universität Rinteln*, Marburg 1842.

[40] Ebda., S. 103.

[41] Ebda., S. 108ff.

[42] Ebda., S. 111ff.

[43] Das war aber wohl übertrieben. Neuere Studien geben für diesen Zeitraum keinen Hinweis. vgl. L. Noordegraaf und G. Valck, *De gave Gods. De pest in Holland vanaf de late middeleeuwen*, Bakker, Amsterdam 1996.

[44] Max Heinze, *Watson, Michael* in: Allgemeine Deutsche Biographie, Bd. 41, Duncker & Humblot, Leipzig 1896, S. 238.

[45] siehe hierzu Thorsten Burkard, Marvin Harms (Hg.), *Caeso Gramm, Chilonium, Novus Holsatiae Parnassus*, Wachholtz, Kiel 2015.

[46] Rodenberg & Pauls (1955), S. 29 f.

[47] Zahlenangaben lt. Burkart & Harms (2015), S. 79. Rodenberg & Pauls (1955), S. 29, bezweifeln die Zahlenangaben und erwähnen nur vier Hörsäle.

[48] Rodenberg & Pauls (1955), S. 162 ff.

[49] Ebda., S. 162.

[50] Ebda., S. 165.

[51] H. Eckardt, *Alt-Kiel in Wort und Bild*, Kiel 1899., S. 78.

[52] J. Greve, *Geographie und Geschichte der Herzogthümer Schleswig und Holstein*, Kiel, 1844, S. 286.

[53] *Michaelis Watsonii [...] Oratio Valedictoria*, Petrus Lucius, Rinteln 1665.

[54] Isaac Vossius, *Dissertatio De Vera Aetate Mundi, quae ostenditur Natale Mundi Annis minimum 1440 vulgarem Aeram anticipare*, Den Haag 1659.

[55] Die Darstellung der Ereignisse zur Eröffnung der Universität folgt Rodenberg & Pauls (1955), S. 43 ff.

[56] Bei den Zahlen der immatrikulierten Studenten muss man vorsichtig sein. Adelige hörten oft privatim Vorlesungen ohne immatrikuliert zu sein, um sich nicht der universitären Gerichtsbarkeit unterwerfen zu müssen.

[57] H. Ratjen, *Samuel Rachel, Autobiographie* in: Archiv für Staats und Kirchengeschichte, Bd. 1, S. 372, Altona 1833.

[58] Rodenberg & Pauls (1955), S. 48.

[59] Ebda., S. 49 f.

[60] James Lind, *A Treatise on the Scurvy*, London 1772.

[61] R. E. Hughes, *The rise and fall of "antiskorbutics": some notes on the traditional cures for "land scruvy"*, Medical History, **34** (1990) 52–64 .

[62] *Programma in funere perquam reverendi, & clarissimi viri, Dn. Michaelis Watsonii*, nachgedruckt in Henning Witten, *Memoriae Philosophorum, Oratorum, Poetarum, Historicorum, et Philologorum nostri Seculi*, Frankfurt 1679.

[63] Eckardt (1899), S. 46.

[64] Ebda., S. 49.

[65] Hans Hellmuth Qualen, *Die von Qualen, Geschichte einer holsteinischen Adelsfamilie*, Kiel, 1987, S. 82.

[66] Eckardt (1899), S. 47.

[67] Rodenberg & Pauls (1955), S. 57.

[68] Eckardt (1899), S. 49.

[69] Samuelis Reyheri *Experimentum Novum Quo Aquae Marinae Dulcedo, Die VI. Febr. Ann. MDCIIIC examinata describitur.*, Kiel 1697.

[70] *De Mundo praeside Samuele Reyhero U.J.D. Mathematum Profes. disputabit Laurentius Petri Aroselius, Svecus Theol. Stud. A.D. IV. Idus Majas Anni A.N.S. MDCLXVI, Kiloni*, Kiel 1667.

[71] Rodenberg & Pauls (1955), S. 76.

[72] Die folgenden Zitate sind Übersetzungen des Autors aus Reyhers's *De Mundo*.

[73] *constans doctrina Theologorum*

[74] *hoc tempore placidae disquisitioni subjicerem*

[75] *Quod licet satis ingeniose praestiterint, attamen ut cuilibet patet, multiplici cum difficultate.*

[76] *sepultum pene aeterna oblivione.*

[77] Diese Formulierung wird allerdings erst später verständlich, wenn argumentiert wird, dass die Fixsterne sich entweder auf einer kristallinen Sphäre befänden, oder im Raum gestaffelt angeordnet sein könnten.

[78] Samuelis Reyheri Dissertatio *de Mundo, iterum edita*, Kiel 1674.

[79] *Pontificiae religionis addicti*

[80] *Romanae Ecclesiae subjecti*

[81] Eine ausführliche Diskussion findet sich bei: Christopher M. Graney, *Riccioli measures the Stars: Observations of the telescopic disks of stars as evidence against Copernicus and Galileo in the middle of the 17th century*, Preprint, ArXiv: 1004.4034 (2010).

[82] Qualen (1987), S. 82.

[83] Georg Burbachius, *Quadratum Geometricum*, Nürnberg 1516.

[84] nach Reyhers Angabe in den *Bacilli Sexagenales.*

[85] Samuelis Reyheri *Bacilli Sexagenales*, Kiel 1692.

[86] J. Reinke, *Der Älteste Botanische Garten Kiels*, Kiel 1912.

[87] Moritz Stern (Hrsg.), *Chronicon Kiliense tragicum-curiosum*, Kiel 1916, S. 311.

[88] Joh. Daniel Major, *See=Fahrt nach der Neuen Welt ohne Schiff und Segel*, Kiel 1670.

[89] In den Ritterakademien wurde Französisch für die Konversation und Latein für die Wissenschaft gefördert. Englisch war dagegen verpönt, vgl. hierzu: Bender (2011).

[90] Hole Rößler, *Polyhistorie und Polymathie* in: H. Jaumann, G. Stiening (Hrsg.) *Neue Diskurse der Gelehrtenkultur in der Frühen Neuzeit*, de Gruyter, Berlin 2016.

[91] Hole Rößler, *Utopie der Bildung. Der Entwurf einer 'Polymathia experimentalis' in Johann Daniel Majors See-Farth nach der Neuen Welt / ohne Schiff und Segel (1670)*, in: Flemming Schock (Hrsg.) *Polyhistorismus und Buntschriftstellerei*, de Gruyter, Berlin 2012.

[92] Rodenberg & Pauls (1955), S. 368.

[93] *Ars non habet Osorem, nisi Ignorantem; nec Derisorem, nisi de Imitatione infeliciter in Conscientiâ desperantem.*

[94] *Unde Germani nostri simplicitatem alicujus pueri vel idiotae significaturi inquiunt: ipsum ultra Ternarium numerando procedere non posse.*

[95] Richard Saage, *Bacons „Neu Atlantis" und die klassische Utopietradition*, Utopie kreativ, H. 93, 1998, S. 57–69.

[96] lt. *Catalogus Lectionem in Academia Christiano-Albertina [...] praeterito semestri aestivo [...] 1678 habitarum.*

[97] *ludendo enim pueris literas instillabant.*

[98] *mirum esse, qui augur auguri obviam veniens risum tenere possit.*

[99] Joh. Daniel Major, *Ren. Des Cartes Explicatio Machinarum vel Instrumentorum*, Kiel 1672.

[100] lt. Verzeichnis der Novitii in: *Album der Christian-Albrechts-Universität*, S. 470.

[101] *Album der Christian-Albrechts-Universität*, S. 14: *propter minorennitatem non juravit.*

[102] R. Falck, *Neues staatsbürgerliches Magazin mit besonderer Rücksicht auf die Herzogthümer Schleswig, Holstein und Lauenburg*, 1. Band, 1. Heft, Schleswig 1832.

[103] Joh. Daniel Major, *Chirurgia Infusoria*, Kiel 1667.

[104] Reinke (1912), S. 12 f.

[105] *De milite mathematico*, 1666 (unveröffentlicht).

[106] Rodenberg & Pauls (1955), S. 356.

[107] Christoph Scheiner, *Rosa Ursina*, Bracciano 1626.

[108] Philosophical Transactions, Vol. I, Numb. 21, 21. Jan. 1666.

[109] das korrekte Datum ist 2. August (jul.).

[110] Stern (1916), S. 301.

[111] Samuelis Reyheri *Mathesis Mosaica, sive Loca Pentateuchi Mathematica Mathematicè explicata*, Kiel 1679.

[112] Das ist weißer Rohrzucker aus Saccharose und Fructose und wird als Saccharum officinale in der Homöopathie eingesetzt.

[113] Das sind etwa 368 ml.

[114] Johann Rudolph Glauber, *Von den drey Alleredelsten Steinen, so durch drey Secrete Fewer gebohren werden [...] und wie solche drey Alleredelste Steyne in Medicina und auch Alchimia zu gebrauchen*, Amsterdam, 1667.

[115] Samuel Reyher, *Mathesis Mosaica*, Kiel 1679, Kap. XXXIV *De Jonathanea Oculorum Cura.*

[116] Catharina Augusta (*1673), Johann Adolf (*1675) und Dorothea Sophia (*1676).

[117] Catharina Hansen, geb. Ziegler.

[118] nach Elberfelder Bibel.

[119] Dieser alte Mariendom, der 1806 abgerissen wurde, gab dem Volksfest Hamburger Dom seinen Namen.

[120] August Hirsch, *Handbuch der historisch-geographischen Pathologie*, Erlangen 1860, S. 24.

[121] nach den Aufzeichnungen von Samuel Pepys

[122] *Sacri Codicis sugillatores.*

[123] René Descartes, *Les Meteores* im Anhang zu *Discours de la Methode*, Leiden 1637.

[124] *in nigerrima nube maximè pura fit iris.*

[125] *sic facilè ex musca elephas fieri potest.*

[126] *venustissimi verò virginum vultus horrendis deformantur coloribus.*

[127] Rodenberg & Pauls (1955), S. 254.

[128] *Monumenta Landgraviorum Thuringiae et Marchionum Misniae, quae adhuc in Thuringia Misnia Saxonia Superiore Franconia et Hassia extant*, Gotha, 1692.

[129] Samuelis Reyheri dissertatio *de Aëre*, Kiel 1670.

[130] Weyher (1859), S. 14.

[131] *Observationes tricennales circa frigus hyemale ex Ephemeridibus V. C. Samuelis Reiheri.*

[132] Walter Lenke, *Berichte des Deutschen Wetterdienstes*, Nr. 92, Offenbach 1964.

[133] F. Schnurrer, *Chronik der Seuchen in Verbindung mit den gleichzeitigen Vorgängen in der physischen Welt [...]*, 2. Theil, Tübingen 1825, S. 227.

[134] Ebda., S. 228.

[135] Die Quelle, die der Reyhersbrunn genannt wurde, befand sich nahe der Einmündung des Düsternbrooker Wegs in die Lindenallee.

[136] Bei dem abgebildeten Knaben kann es sich nicht um Reyhers Sohn Johann Adolph handeln, da dieser bereits 22 Jahre alt war.

[137] Kortum (Gerhard Kortum, *Samuel Reyher und sein „Experimentum Novum"* in: Berichte aus dem Institut für Meereskunde an der CAU Kiel, Nr. 246, 1997, S. 3–12) vermutete, dass das Bild einen Wasserheber zeigt, bestehend aus einem Stock mit angehängtem Gefäß. Reyher hatte dagegen die Funktion eines Siphons als Saugspritze in De Aëre im Detail beschrieben.

[138] Das trifft im strengen Sinne nur auf das gemeinsame Estuarium des Paraná und des Uruguay oberhalb von Buenos Aires zu.

[139] Es mag sein, dass sich diese Aussagen eigentlich auf die Nichtdurchmischung des durch Schlamm gefärbten Flusswassers über eine weite Strecke beziehen.

[140] Max Planck, *Wissenschaftliche Selbstbiographie*, J.A. Barth, Leipzig 1948, S. 22.

[141] vgl. R.A. Hatch, *Discovering Mira Ceti: Celestial Change and Cosmic Continuity*, in: *Change and Continuity in Early Modern Cosmology*, Ed.: P.J. Boner, Springer, Dordrecht 2011.

[142] vollständig: *Ad Astronomos Monita duo: primum, De Stella Nova, quo in Collo Ceti ante annos aliquot visa est. Alterum, de Nebulosa in Andromedae Cinguli parte Borea ante biennium orta.*, Paris, 1667.

[143] Abschnitt XVII *De Stella Magorum* im Anhang der *Mathesis Mosaica.*

[144] im 3. Buch, S. 48, Abschnitt XXX.

[145] *neque enim in rerum naturâ ullum tale vacuum esse potest*, *Principia Philosophiae*, 3. Buch, S. 46, Abschnitt XXV.

[146] *Principia Philosophiae*, 2. Buch, S. 24, Abschnitt XVI ff.

[147] R.P.C. Schott, *Technica Curiosa*, Würzburg (1664), liber I, p. 30.

[148] *multum disputationis et contradictionis, imo et laboris inutilis adforet*, Ebda. p. 30.

[149] D.B. Herrmann, *Die astronomischen Grundlagen der Chronologie*, Vortrag bei der Leibniz-Sozietät, 2001 (https://leibnizsozietaet.de/wp-content/uploads/2012/11/02_herrmann_db.pdf).

[150] in seiner an Gregor XIII. adressierten Schrift *De vera anni forma, sive de recta eius emendatione*, Venedig, 1580.

[151] Sam. Reyhers *Neuerfundenes Uhrwerk, nach welchem das Sonnenjahr also abgemessen wird, dass vermittelst desselben der Calender in einen gewissen und der Natur gemässen Stand könnte gesetzt werden.*, Kiel 1697

[152] vgl. hierzu Weyher (1859), S. 19.

[153] *Aller- und Unterthänigster Vorschlag/ wie die bißhero gebräuchliche Calender also vereinigt werden können/ daß/ solange die Welt nach Gottes Willen stehen wird/ keine Unrichtigkeit/ noch Verrückung der Feste in der Christl. Kirche/ mehr zu befürchten*, von Samuel Reyhern, Kiel 1699.

[154] Edith Koller, *Strittige Zeiten: Kalenderreform im Alten Reich 1582–1700*, de Gruyter, Berlin 2014, Abschn. 4.5.1.

[155] Weyher (1859), S. 23.

[156] Weyher (1859), S. 21.

[157] Weyher (1859), S. 22.

[158] Koller (2014), Abschn. 4.5.2.

[159] zusammen mit den Weigelschülern Georg Albrecht Hamberger, Professor in Jena, und Johann Christoph Sturm, Professor in Leipzig.

[160] Koller (2014), Abschn. 4.6.3.

[161] Peter A. Lehmanns *Historische Remarques über neueste Sachen in Europa*, Hamburg, 1703, 7. Woche, S. 50–52.

[162] *placide expiravit, senectute potius quam morbo fractus*, lt. Moller, *Cimbria literata*, (Kopenhagen 1744, Bd. 2, S. 717).

[163] Aus einer Verordnung des Herzogs Christian Albrecht v. 16.3.1683 zu den Nutzungsrechten an Kirchengestühl und Grabstellen in St. Michaelis geht hervor, dass Beselin in dieser Kirche kraft Amtes derartige Rechte besaß. Moller dagegen nennt in den Cimbria Literata als Lage der Beselinschen Grabstelle den Schleswiger Dom.

Index

173

Der Autor ist Professor (i.R.) für Atom und Plasmaphysik an der Christian-Albrechts-Universität zu Kiel. Neben seiner Tätigkeit als Autor von Fachbüchern beschäftigt er sich mit der Popularisierung naturwissenschaftlicher Themen.